ESTRATÉGIAS de ENSINO 68

ANA PAULA TAVARES DE MORAES SILVA CYPRIANO **BEATRIZ** GAMA RODRIGUES **CARINE** HAUPT **CAROLINA** GOMES DA SILVA **GLAUCE** GOMES DE OLIVEIRA CABRAL **LETICIA** REBOLLO COUTO **LIA** SANTOS DE OLIVEIRA MARTINS **MARISTELA** DA SILVA PINTO **NATALIA** DOS SANTOS FIGUEIREDO **NELIANE** RAQUEL MACEDO AQUINO **PRISCILA** CRISTINA FERREIRA DE SÁ **RONALDO** LIMA JUNIOR **SIMONE** BATISTA DA SILVA **VICTOR** RAMOS DA SILVA

JOSÉ RICARDO DORDRON DE PINHO ORGANIZADOR

A oralidade no ensino de línguas estrangeiras

parábola

Direção: ANDRÉIA CUSTÓDIO
Capa e diagramação: TELMA CUSTÓDIO
Revisão: KAYA ADU PEREIRA

CIP-BRASIL. CATALOGAÇÃO NA FONTE
SINDICATO NACIONAL DOS EDITORES DE LIVROS, RJ

O72

A oralidade no ensino de línguas estrangeiras / organização José Ricardo Dordron de Pinho. - 1. ed. - São Paulo: Parábola, 2022.
176 p. ; 23 cm. (Estratégias de ensino)

Inclui bibliografia e índice
ISBN 978-65-86250-92-3

1. Linguagem e línguas - Estudo e ensino. 2. Comunicação oral. 3. Professores - Formação. 4. Educação básica. I. Pinho, José Ricardo Dordron de.

20-66500 CDD: 401.9
CDU: 81'34

Camila Donis Hartmann - Bibliotecária - CRB-7/6472

Direitos reservados à
PARÁBOLA EDITORIAL
Rua Dr. Mário Vicente, 394 - Ipiranga
04270-000 São Paulo, SP
[11] 5061-9262 | [11] 98763-3590
www.parabolaeditorial.com.br
parabola@parabolaeditorial.com.br

ISBN: 978-65-86250-92-3 [impresso]
978-65-86250-91-6 [digital]

1ª edição - 1ª reimpressão: julho de 2025.

Sumário

Apresentação

A oralidade no ensino de línguas estrangeiras tem como objetivo suprir uma carência na área de formação inicial e continuada de professores de línguas estrangeiras: o trabalho com a oralidade. Em cursos livres, a oralidade é a área privilegiada, mas os professores costumam exercer sua atividade sem formação teórica adequada ou suficiente. Na educação básica, em geral, a oralidade ocupa um papel menor em comparação trabalho com a compreensão leitora, chegando, em diversas ocasiões, a ser totalmente excluída. Essa situação é contrária ao desejo da maioria dos estudantes, cuja vontade é, efetivamente, aprender a se comunicar por meio da língua oral.

Nosso livro, voltado principalmente aos professores de línguas estrangeiras do ensino fundamental e do ensino médio e aos licenciandos que pretendem atuar nesses níveis, busca suprir a carência existente no mercado editorial e na formação pedagógica. Pretendemos contribuir para que os professores tenham mais embasamento teórico na área de habilidades orais e de pronúncia para proporcionar, de maneira mais efetiva, um desenvolvimento da competência comunicativa oral de seus estudantes, além de apresentarmos diversas propostas de atividades práticas, que podem ser aplicadas tal como estão aqui ou ser adaptadas, servindo como ponto de partida para uma reflexão adequada a cada realidade escolar.

Convidamos para este trabalho professores atuantes na área, com longa experiência no ensino de línguas estrangeiras, seja na educação básica, seja na educação superior e também no desenvolvimento de pesquisas sobre o assunto. Sem sua contribuição, este volume não teria sido possível. Lembramos que o ensino de línguas estrangeiras sempre foi — e, infelizmente, continua sendo — um aspecto de grande deficiência na formação escolar de nossos alunos. Esperamos que os capítulos apresentados aqui contribuam de forma efetiva para reverter, ainda que um pouco, essa situação.

Um aspecto importante a ser discutido quando se fala de línguas que não a língua materna (LM) é a questão da terminologia. Dependendo da corrente teórica do professor pesquisador ou de suas preferências individuais, usam-se as expressões "língua estrangeira (LE)", "língua 2 (L2)", "língua adicional (LA)", "língua-alvo", "língua estrangeira alvo (LEA)", "segunda língua"... Às vezes, estabelecem-se distinções entre essas expressões; outras, elas são usadas como sinônimas; ou, ainda, recorre-se a uma única forma. Dada a diferente formação e atuação de cada um dos autores deste volume, considerando também sua atuação geográfica (Distrito Federal, Maranhão, Paraíba, Paraná, Piauí, Rio de Janeiro, São Paulo e Tocantins), respeitamos a decisão de cada autor ou de cada grupo de autores quanto à forma a ser utilizada. Em cada capítulo, apresenta-se a preferência ou um comentário sobre o uso indistinto de mais de uma expressão.

O capítulo que abre a coletânea discute como os documentos oficiais brasileiros abordam a questão da oralidade no ensino de línguas estrangeiras. Em "Documentos oficiais e oralidade em uma língua adicional no ensino básico", Ana Paula Tavares de Moraes Silva Cypriano discute as propostas, em nível federal, para o ensino de línguas estrangeiras. O estudo se concentra no nível federal pelo fato de suas determinações serem obrigatórias para todas as instituições escolares de educação básica brasileiras, sejam municipais, estaduais, federais ou particulares. Retomando o que a terceira LDB, de 1996, estabelece, a autora discute o que propõem os PCN do ensino fundamental (1998) e os do ensino médio (1999) para o ensino do que é ali chamado de "Língua Estrangeira Moderna", em que, na busca pela formação de cidadãos críticos, há uma predisposição maior para o ensino da habilidade de leitura. A partir do proposto pela BNCC

(2017) para o ensino fundamental, percebem-se algumas mudanças: além de a disciplina "Língua Estrangeira Moderna" ser substituída pela disciplina "Língua Inglesa", de forma exclusiva, a oralidade assume um papel de maior importância. Ao se centrar na proposta da BNCC, o capítulo discute e critica o ensino exclusivo de uma única língua estrangeira, fato relacionado ao momento sócio-histórico-cultural atual, que limita a formação discente. O foco é a análise do eixo Oralidade, que inclui as habilidades de compreensão e de expressão oral, de interesse para este livro especialmente diante da mudança de direcionamento no ensino de línguas, à medida que ele se equipara ao eixo Leitura. Por fim, são discutidos aspectos relativos à implementação do eixo em questão, tais como a formação docente e o uso de recursos tecnológicos, bem como o número de alunos em sala e a reduzida quantidade de aulas semanais.

Os dois capítulos seguintes tratam das habilidades orais: o papel da expressividade e a avaliação de tais habilidades. Em "A expressão oral e a diversidade linguística", Natalia dos Santos Figueiredo e Priscila Cristina Ferreira de Sá refletem sobre a expressão oral no ensino de línguas estrangeiras, associando a questão da expressividade à da variedade linguística. As autoras se baseiam em uma pesquisa sobre a aplicação da expressividade no aprendizado de uma nova língua estrangeira. Um dos aspectos abordados é o da norma a seguir, tema que se torna mais complexo quanto maior for o número de variedades internas da língua. Sobre a expressividade, o capítulo destaca a necessidade de considerar as informações prosódicas em conjunto com elementos pragmáticos: por exemplo, para entender um enunciado como pedido, ordem ou súplica, às vezes, faz-se necessário recorrer a dados visuais, como a verificação das expressões faciais, para, consequentemente, reconhecer possíveis intenções comunicativas e evitar mal-entendidos. No final, o capítulo traz algumas propostas didáticas de tarefas para a sala de aula em três etapas: descritiva, perceptiva e produtiva.

Em "A avaliação das habilidades orais", Simone Batista da Silva e Lia Santos de Oliveira Martins discutem uma importante e complexa etapa do processo escolar: a avaliação, a partir do mecanismo "ação-reflexão-ação". Revisitando o trabalho pedagógico, as autoras discorrem sobre as diversas funções do tema, incluindo uma avaliação do próprio trabalho do professor e uma percepção do progresso discente. O capítulo se estrutura em três partes: a primeira traz considerações sobre o trabalho docente como *práxis* e sobre a importância de não perder de vista o papel ontológico do processo avaliativo; na segunda, considera-se, de maneira específica, o foco da avaliação das habilidades orais; por fim, na terceira parte, tomam-se como base autores das teorias pós-coloniais de educação para embasar as ideias quanto à avaliação das habilidades orais como um dos elementos da *práxis* docente. Em síntese, o capítulo problematiza a avaliação das habilidades orais e a filosofia subjacente às práticas avaliativas, numa atividade ainda pouco frequente nas escolas, quando não nula, em que os estudantes demonstram não o que sabem sobre a língua, mas o que sabem fazer de seu uso efetivo.

Os três capítulos seguintes abordam, de maneira específica, a pronúncia, considerando seu tratamento ao longo do tempo, a importância do seu ensino explícito e, também, por meio de uma análise de diversas coleções didáticas, o ensino de várias línguas estrangeiras.

Em "A pronúncia no ensino de línguas estrangeiras", Victor Ramos da Silva traça um panorama do tratamento dado à questão da pronúncia ao longo do tempo, de acordo com diferentes métodos e abordagens, chegando a mencionar sua situação na contemporaneidade, na perspectiva do pós-método. O autor enfatiza que a importância dada à pronúncia variou segundo os propósitos do ensino de línguas estrangeiras de cada época, o que gerou uma atenção muito variada: ao passo em que o método da gramática e tradução, no século XVI, ensinava latim excluindo por completo atividades de pronúncia, esse aspecto da língua recebia grande atenção no método audiolingual. O capítulo discute, ainda, diferentes perspectivas para o trabalho com a pronúncia, seja a abordagem instintivo-imitatória, seja a perspectiva analítico-teórica. Por fim, destaca-se a importância de uma prática da língua para a comunicação, que permita entender a pronúncia do outro e fazer com que a sua seja compreendida pelos demais.

Em "O ensino explícito da pronúncia", Ronaldo Lima Jr. retoma diversos trabalhos que evidenciam que um ensino explícito faz diferença no desenvolvimento da pronúncia em nível prosódico ou segmental. Ainda que em pequena quantidade na carga horária semanal, tais atividades contribuem para que o conhecimento implícito se torne explícito, fato comprovado em pesquisas que demonstram, inclusive, mais resultados positivos com ensino explícito que com o implícito. O autor explica que uma conscientização fonético-fonológica do estudante lhe permite desenvolver, ainda, efeitos indiretos, por torná-lo mais atento a esse nível linguístico. Dessa forma, o estudante alcançará a inteligibilidade e a compreensibilidade necessárias para sua oralidade e, consequentemente, para sua competência comunicativa.

Em "Análise do tratamento da pronúncia em materiais didáticos", Carine Haupt e Neliane Raquel Macedo Aquino apresentam várias atividades de pronúncia em livros didáticos de diversas línguas estrangeiras e as analisam a partir de uma abordagem que considera a complexidade do tema e sua importância dentro do subsistema fonético-fonológico. As autoras identificam a concepção de língua adotada pelas coleções e oferecem subsídios aos professores para que avaliem os materiais e possam adaptar cada atividade à realidade vivenciada em cada instituição de ensino. Inicialmente, verificou-se que inúmeras coleções não apresentavam nenhuma atividade relativa à pronúncia. Limitando-se, naturalmente, às coleções que as apresentavam, as autoras procederam a uma divisão entre livros didáticos editados no Brasil, utilizados em escolas, e livros editados no exterior, geralmente adotados em cursinhos. No primeiro caso, são analisadas coleções de inglês e de espanhol, todas aprovadas pelo PNLD; no segundo, são analisadas coleções de inglês, francês e alemão. O que se verifica é que as atividades de pronúncia sugeridas nessas coleções, de maneira geral, são apresentadas em seções fixas e mecânicas, como, por exemplo, de ouvir e repetir. Outra observação importante é que, de forma explícita ou implícita, as coleções editadas no Brasil levam em consideração a língua materna.

Os três capítulos finais também tratam das habilidades orais e da pronúncia, mas de forma mais prática, com a apresentação de propostas para a sala de aula.

Em "A pronúncia e a oralidade em aulas de língua inglesa", Ana Paula Tavares de Moraes Silva Cypriano apresenta uma série de atividades desenvolvidas em uma escola pública de ensino fundamental na cidade do Rio de Janeiro. As atividades estão voltadas para a prática das habilidades orais e da pronúncia, tanto no nível segmental quanto no suprassegmental. A autora discute aspectos que embasam as escolhas realizadas ou que ajudam a compreendê-las, tais como a variedade a ser adotada pelo professor e possíveis interferências da língua materna.

Em "Entoação: atividades didático-metodológicas para a educação básica", Maristela da Silva Pinto, Leticia Rebollo Couto e Carolina Gomes da Silva apresentam exercícios específicos para o desenvolvimento de padrões entonacionais em espanhol, exercícios que podem ser adaptados a outras línguas estrangeiras. Partindo da distinção entre fonemática e prosódia, as autoras retomam conceitos básicos relativos à entoação, além de apresentarem suas funções linguística e expressiva. As propostas se organizam em quatro blocos de atividades didático-metodológicas.

Em "Exercícios práticos de pronúncia", José Ricardo Dordron de Pinho, Beatriz Gama Rodrigues e Glauce Gomes de Oliveira Cabral apresentam uma série de exercícios voltados para o desenvolvimento da pronúncia em língua estrangeira, tanto no nível prosódico quanto no nível segmental. Antes da apresentação dos exercícios, discutem diversos aspectos relativos ao papel da pronúncia na comunicação oral: por quê, quando e em que ordem ela deve ser trabalhada, a importância de ouvir para depois reproduzir e uma prática atenta ao foco e à forma. As atividades, apresentadas para o espanhol, podem ser adequadas a qualquer língua estrangeira.

Em síntese, este livro traz contribuições para licenciandos em formação e professores iniciantes ou experientes que não têm ou não tiveram formação pedagógica adequada na área de habilidades orais e de pronúncia e não encontram material no mercado. Esperamos que leiam, gostem, apliquem em sua prática docente e (talvez) recomendem!

José Ricardo Dordron de Pinho

CAPÍTULO 1

Documentos oficiais e oralidade em língua adicional no ensino básico

Ana Paula Tavares de Moraes Silva Cypriano

1. Introdução

O ensino das disciplinas integrantes da grade curricular da educação básica é regido por leis, parâmetros e/ou orientações federais, estaduais e municipais. Este capítulo visa apresentar os documentos oficiais federais que servem de orientações para o ensino de língua adicional na educação básica brasileira.

A escolha pelo enfoque em documentos oficiais de âmbito federal se deve ao fato de eles serem hierarquicamente superiores aos documentos de alcance estadual ou mesmo municipal. Obviamente, este estudo não conseguiria incluir todos os documentos dos diferentes estados e municípios brasileiros que abordam e regem o ensino de língua adicional nessas instâncias todas.

Este capítulo, primeiramente, apresenta os documentos oficiais e suas orientações para o ensino de língua adicional na educação básica brasileira em vista de situar o leitor. Subsequentemente, apresenta a oralidade na BNCC e os possíveis desafios enfrentados para sua implementação.

2. Orientações federais para o ensino de língua adicional na educação básica brasileira

A Lei de Diretrizes e Bases (LDB), nº 9.394/1996, art. 26, § 5º, preconizava que todo aluno tinha direito a aprender uma língua estrangeira moderna, do segundo segmento do ensino fundamental até o ensino médio. A escolha da língua estrangeira, neste trabalho chamada de língua adicional, era, como descrito na lei, de responsabilidade da comunidade escolar: "Na parte diversificada do currículo será incluído, obrigatoriamente, a partir da 5ª série, o ensino de pelo menos uma língua estrangeira moderna, cuja escolha ficará a cargo da comunidade escolar, dentro das possibilidades da instituição" (Brasil, 2005: 16).

Em 16 de fevereiro de 2017, a lei nº 13.415 altera, entre outros, o § 5º do artigo 26 da LDB, passando a vigorar a obrigatoriedade do ensino da língua inglesa a partir do 6º ano do ensino fundamental: "No currículo do ensino fundamental, a partir do sexto ano, será ofertada a língua inglesa" (Brasil, 1996, 2017a).

A mudança realizada em 2017 acrescenta, ainda, o artigo 35-A, estabelecendo a obrigatoriedade do ensino de língua inglesa e a possibilidade do ensino eletivo de uma segunda língua adicional, de preferência a espanhola, no ensino médio: "Os currículos do ensino médio incluirão, obrigatoriamente, o estudo da língua inglesa e poderão ofertar outras línguas estrangeiras, em caráter optativo, preferencialmente o espanhol, de acordo com a disponibilidade de oferta, locais e horários definidos pelos sistemas de ensino" (Brasil, 1996, 2017a).

O acréscimo do artigo 35-A, § 5º, parece uma conquista para o aluno do ensino médio. Uma análise mais atenta, entretanto, permite antever que, por ser eletiva e estar sujeita às escolhas das instituições de ensino, a oferta de outra língua adicional pode não ocorrer, sendo a contenção orçamentária um dos motivos para essa oferta não ser feita ao educando.

As mudanças feitas no texto da LDB restringem a educação dos discentes, em vez de ampliá-las. Uma educação de qualidade deveria prever a obrigatoriedade do ensino concomitante de mais de uma língua adicional, visando ampliar os horizontes dos alunos cultural e linguisticamente, o que corroboraria o desenvolvimento de um conhecimento mais abrangente, formador de cidadãos críticos.

A importância dada a determinado idioma está atrelada à dinâmica que nos trouxe ao momento sócio-histórico-cultural em que estamos inseridos. É compreensível que a língua inglesa faça parte do currículo educacional no século XXI, não que detenha a exclusividade. Ao se carregar dessa característica excludente, a modificação da LDB gera uma falsa crença de que a única língua adicional a ser aprendida e disseminada na atualidade é a língua inglesa e, por conseguinte, sua cultura.

O sistema educacional de um país não deve adotar uma postura tão restrita no que tange ao ensino de língua estrangeira, pois há questões inerentes a cada comunidade escolar, sejam elas econômicas, políticas, sociais, históricas, que podem justificar a adoção do espanhol, italiano, alemão, japonês, chinês ou outro idioma como língua adicional, concomitantemente ou não ao ensino de inglês.

Em consonância com a LDB, os PCN de línguas estrangeiras, tanto do segundo segmento do ensino fundamental (1998) quanto do ensino médio (2000), declaram que ao aluno será ofertada pelo menos uma língua estrangeira, considerando as necessidades da comunidade escolar, as quais em um número reduzido de situações pode requerer que o aluno desenvolva a oralidade. O caso de uma cidade turística que recebe inúmeros falantes de espanhol, por exemplo, justificaria o ensino de espanhol como língua adicional com enfoque na oralidade.

Por conseguinte, os PCN geralmente não orientam os professores a trabalharem a oralidade. Antes, priorizam o desenvolvimento das estratégias de leitura dos alunos, talvez por conta do excessivo número de alunos em sala e do nível de fluência dos professores, que nem sempre possibilita trabalhar a oralidade. Os PCN ainda pontuam que as situações comunicativas encontradas pelos alunos são exíguas, elevando assim a exigência da leitura e da interação textual nas aulas de língua estrangeira. Para além dessas questões, manter como foco as estratégias de leitura contribuiria para desenvolver o letramento dos alunos, melhorando sua *performance* em outras disciplinas como português, matemática, história etc. Os estudantes poderiam aplicar o conhecimento adquirido nas aulas de língua estrangeira em outros contextos.

Faz poucos anos, o Ministério da Educação publicou o documento que passa a reger a educação básica, a Base Nacional Comum Curricular (BNCC): "Um documento de caráter normativo que define o conjunto orgânico e progressivo de **aprendizagens essenciais** que todos os alunos devem desenvolver ao longo das etapas e modalidades da educação básica" (Brasil, 2018a: 7). A BNCC para os ensinos infantil e fundamental foi aprovada em dezembro de 2017 para ser integralmente implementada até o início do ano letivo de 2020 (*G1*, 2017a). Em dezembro de 2018, aprovou-se a BNCC do ensino médio, a qual dialoga tanto com a Lei nº 13.415/2017 — que altera a LDB de 1996 —, quanto com as Diretrizes Curriculares Nacionais para o Ensino Médio (DCNEM), atualizadas pela Resolução nº 3, de 21 de novembro de 2018 (Brasil, 2017b; 2018a; 2018b).

2.1. A BNCC do ensino fundamental

Diferentemente dos PCN, a BNCC para o ensino fundamental não estabelece a oferta de **uma** língua estrangeira moderna ao aluno. A escolha do idioma não ficará a cargo da comunidade escolar, nem será regida por suas particularidades. A Base já define o idioma estrangeiro a ser aprendido nos anos finais do ensino fundamental: a língua inglesa. O texto ressalta: ao ensinar a língua inglesa, deve-se atinar para o fato de ela ser a língua franca da atualidade. Como tal deve ser ensinada, com ênfase em seu uso nos mais variados contextos (Brasil, 2018a).

A BNCC do ensino fundamental descreve competências específicas a serem desenvolvidas em cada componente (por exemplo:

língua inglesa, língua portuguesa). Ademais, nesta etapa, a BNCC divide o ensino de língua inglesa em cinco eixos — oralidade; leitura; escrita; conhecimentos linguísticos e conhecimentos gramaticais — e uma dimensão, a intercultural (Brasil, 2018a). Pela divisão dos eixos percebemos que, diferentemente dos PCN, a oralidade assume uma importância equiparada à leitura.

Outra característica desta BNCC é a descrição de unidades temáticas a serem trabalhadas em cada um dos anos finais do ensino fundamental, detalhadas por eixo. O eixo da oralidade é dividido em três unidades temáticas: interação discursiva, compreensão oral e produção oral (*vide* quadros 1 a 4, na seção 3, "Oralidade na BNCC").

2.2. A BNCC do ensino médio

A BNCC do ensino médio, em conformidade com a do ensino fundamental, torna mandatório o ensino da língua inglesa, privilegiando seu viés de língua franca da contemporaneidade (BNCC, 2018a). Contudo, ela se distingue da BNCC do ensino fundamental ao facultar a oferta de outras línguas adicionais: "[...] podendo ser oferecidas outras línguas estrangeiras, em caráter optativo, preferencialmente o espanhol, de acordo com a disponibilidade da instituição ou rede de ensino" (Brasil, 2018a: 476).

Ao tentar flexibilizar o currículo, a BNCC não estipula claramente a obrigatoriedade do componente língua inglesa para os três anos do ensino médio — "a Língua Inglesa, cujo estudo é obrigatório no ensino médio (LDB, art. 35-A, § 4o)" (BNCC, 2018a, p. 484) —, como ocorre com o ensino de língua portuguesa e matemática: "O componente Língua Portuguesa — tal como Matemática — deve ser oferecido nos três anos do ensino médio (lei nº 13.415/2017)" (Brasil, 2018a: 485).

Ademais, na BNCC do ensino médio, o alvo se concentra em práticas discursivas situadas:

> Nas situações de aprendizagem do inglês, [...] [a]spectos como precisão, padronização, erro, imitação e nível de proficiência ou domínio da língua são substituídos por noções mais abrangentes e relacionadas

> ao universo discursivo nas práticas situadas dentro dos campos de atuação, como inteligibilidade, singularidade, variedade, criatividade/invenção e repertório (Brasil, 2018a: 485).

A BNCC do ensino médio, como a do ensino fundamental, descreve competências específicas a serem desenvolvidas. Contudo, nessa etapa, a BNCC apresenta as competências por área: linguagens e suas tecnologias para o ensino médio, por exemplo. Ademais, a BNCC do ensino médio não apresenta áreas temáticas a serem trabalhadas, nem divide o ensino de língua inglesa em eixos, como o faz a BNCC do ensino fundamental (Brasil, 2018a), imprimindo um caráter um pouco mais diretivo do que normativo na fase do ensino médio.

Esse panorama das orientações dos documentos oficiais, em nível federal, contribui para uma compreensão de alguns desdobramentos do ensino de língua adicional na educação básica e abre caminho para a reflexão sobre o papel da oralidade na BNCC.

3. A oralidade na BNCC

Um dos cinco eixos do ensino do componente língua inglesa na BNCC do ensino fundamental é a oralidade, que engloba o desenvolvimento tanto da compreensão, quanto da produção oral, ou seja, respectivamente, as habilidades de *listening* e *speaking*. Espera-se que os alunos negociem a construção de significados com seus interlocutores (solicitando esclarecimento sobre algo que não ficou claro durante a interação ou confirmando alguma informação fornecida, por exemplo) e aprendam, simultaneamente, características de pronúncia, entonação e ritmo da língua-alvo; como também técnicas de tomada do turno conversacional e de lidar com a alteridade etc.

A BNCC lista as competências específicas de língua inglesa a serem desenvolvidas no ensino fundamental, anos finais. Todavia, são as descrições dos objetos de conhecimento do eixo Oralidade e das habilidades a serem promovidas (*vide* quadros 1-4) que marcam claramente a mudança de uma mudança quase exclusiva do desenvolvimento da habilidade leitora para um encaminhamento no qual a promoção da oralidade é tão importante quanto a da habilidade leitora. O propósito é levar o aluno a acrescentar a língua inglesa a seu repertório linguístico e a dominar mais essa língua circulante na sociedade contemporânea. As descrições de unidades temáticas e objetos de conhecimento levam em consideração o ano de escolaridade dos anos finais do ensino fundamental, como mostrado a seguir.

Quadro 1: Descrição de unidades temáticas, objetos de conhecimento e habilidades do eixo Oralidade do 6º ano do ensino fundamental (Brasil, 2018a: 248-249).

<table>
<tr><th></th><th>Unidades temáticas</th><th>Objetos de conhecimento</th><th>Habilidades</th></tr>
<tr><td rowspan="6">6º ano</td><td colspan="3">Eixo Oralidade – Práticas de compreensão e produção oral de língua inglesa, em diferentes contextos discursivos presenciais ou simulados, com repertório de falas diversas, incluída a fala do professor.</td></tr>
<tr><td rowspan="2">Interação discursiva</td><td>Construção de laços afetivos e do convívio social</td><td>(EF06LI01) Interagir em situações de intercâmbio oral, demonstrando iniciativa para utilizar a língua inglesa.
(EF06LI02) Coletar informações do grupo, perguntando e respondendo sobre a família, amigos, a escola e a comunidade.</td></tr>
<tr><td>Funções e usos da língua inglesa em sala de aula (classroom language)</td><td>(EF06LI03) Solicitar esclarecimentos em língua inglesa sobre o que não entendeu e o significado de palavras ou expressões desconhecidas.</td></tr>
<tr><td>Compreensão oral</td><td>Estratégias de compreensão de textos orais: palavras cognatas e pistas do contexto discursivo</td><td>(EF06LI04) Reconhecer, com o apoio de palavras cognatas e pistas do contexto discursivo, o assunto e as informações principais em textos orais sobre temas familiares.</td></tr>
<tr><td>Produção oral</td><td>Produção de textos orais, com a mediação do professor</td><td>(EF06LI05) Aplicar os conhecimentos da língua inglesa para falar de si e de outras pessoas, explicitando informações pessoais e características relacionadas a gostos, preferências e rotinas.
(EF06LI06) Planejar apresentação sobre a família, a comunidade e a escola, compartilhando-a oralmente com o grupo.</td></tr>
</table>

Quadro 2: Descrição de unidades temáticas, objetos de conhecimento e habilidades do eixo Oralidade do 7º ano do ensino fundamental (Brasil, 2018a: 252-253)

	Unidades temáticas	Objetos de conhecimento	Habilidades
7º ano	**Eixo Oralidade** – Práticas de compreensão e produção oral de língua inglesa, em diferentes contextos discursivos presenciais ou simulados, com repertório de falas diversas, incluída a fala do professor.		
	Interação discursiva	Funções e usos da língua inglesa: convivência e colaboração em sala de aula	(EF07LI01) Interagir em situações de intercâmbio oral para realizar as atividades em sala de aula de forma respeitosa e colaborativa, trocando ideias e engajando-se em brincadeiras e jogos.
		Práticas investigativas	(EF07LI02) Entrevistar os colegas para conhecer suas histórias de vida.
	Compreensão oral	Estratégias de compreensão de textos orais: conhecimentos prévios	(EF07LI03) Mobilizar conhecimentos prévios para compreender texto oral.
		Compreensão de textos orais de cunho descritivo ou narrativo	(EF07LI04) Identificar o contexto, a finalidade, o assunto e os interlocutores em textos orais presentes no cinema, na internet, na televisão, entre outros.
	Produção oral	Produção de textos orais, com mediação do professor	(EF07LI05) Compor, em língua inglesa, narrativas orais sobre fatos, acontecimentos e personalidades marcantes do passado.

Quadro 3: Descrição de unidades temáticas, objetos de conhecimento e habilidades do eixo Oralidade do 8º ano do ensino fundamental (Brasil, 2018a: 256-257)

	Unidades temáticas	Objetos de conhecimento	Habilidades
8º ano	**Eixo Oralidade** – Práticas de compreensão e produção oral de língua inglesa, em diferentes contextos discursivos presenciais ou simulados, com repertório de falas diversas, incluída a fala do professor.		
	Interação discursiva	Negociação de sentidos (mal-entendidos no uso da língua inglesa e conflito de opiniões)	(EF08LI01) Fazer uso da língua inglesa para resolver mal-entendidos, emitir opiniões e esclarecer informações por meio de paráfrases ou justificativas.
		Usos de recursos linguísticos e paralinguísticos no intercâmbio oral	(EF08LI02) Explorar o uso de recursos linguísticos (frases incompletas, hesitações, entre outros) e paralinguísticos (gestos, expressões faciais, entre outros) em situações de interação oral.

8º ano	**Compreensão oral**	Compreensão de textos orais, multimodais, de cunho informativo/jornalístico	(EF08LI03) Construir o sentido global de textos orais, relacionando suas partes, o assunto principal e informações relevantes.
	Produção oral	Produção de textos orais com autonomia	(EF08LI04) Utilizar recursos e repertório linguísticos apropriados para informar/comunicar/falar do futuro: planos, previsões, possibilidades e probabilidades.

Quadro 4: Descrição de unidades temáticas, objetos de conhecimento e habilidades do eixo Oralidade do 9º ano do ensino fundamental (Brasil, 2018a: 260-261).

	Unidades temáticas	Objetos de conhecimento	Habilidades
9º ano	**Eixo Oralidade** – Práticas de compreensão e produção oral de língua inglesa, em diferentes contextos discursivos presenciais ou simulados, com repertório de falas diversas (falantes nativos e não nativos, incluída a fala do professor).		
	Interação discursiva	Funções e usos da língua inglesa: persuasão	(EF09LI01) Fazer uso da língua inglesa para expor pontos de vista, argumentos e contra-argumentos, considerando o contexto e recursos linguísticos voltados para a eficácia da comunicação.
	Compreensão oral	Compreensão de textos orais, multimodais, de cunho argumentativo	(EF09LI02) Compilar as ideias-chave de textos por meio de tomada de notas. (EF09LI03) Analisar posicionamentos defendidos e refutados em textos orais sobre temas de interesse social e coletivo.
	Produção oral	Produção de textos orais com autonomia	(EF09LI04) Expor resultados de pesquisa ou estudo com o apoio de recursos, tais como notas, gráficos, tabelas, entre outros, adequando as estratégias de construção do texto oral aos objetivos de comunicação e ao contexto.

Analisando o eixo Oralidade dos quatro anos finais do ensino fundamental (quadros 1-4), observa-se que no 6º ano (quadro 1) objetiva-se não só desenvolver o afeto do aluno pela língua-alvo, mas também algumas estratégias para a compreensão auditiva como *listening for gist and cognates*. É nesse período que o aluno começará a construir sua identidade na língua adicional.

No 7º ano (quadro 2), a BNCC incentiva a interação em língua inglesa entre os alunos: eles devem ser estimulados a descobrir informações sobre alguns colegas e a compartilhá-las na língua-alvo com os demais, primando pela colaboração e o respeito mútuo entre os interactantes. Para além disso, parece haver um maior enfoque nas narrativas sobre a 3ª pessoa.

No 8º ano (quadro 3), os alunos devem aprender a solucionar mal-entendidos, emitir opiniões, incorporar a linguagem paralinguística ao repertório linguístico dos aprendizes, reconhecer textos multimodais e começar a produzir textos orais de forma mais autônoma, sem depender tanto da mediação do professor.

A autonomia na produção de textos orais também é esperada no 9º ano (quadro 4), juntamente com o desenvolvimento da habilidade de argumentação, persuasão e exposição de resultados com base em tabelas, gráficos etc.

É crucial apontar: na BNCC do ensino fundamental, o desenvolvimento do eixo Oralidade não se dá de forma isolada. Ele depende dos outros eixos — Leitura, Escrita, Conhecimentos Linguísticos e Gramaticais, Dimensão Intercultural — tanto para prover recursos linguísticos para o falante, quanto para ser desenvolvido em plenitude.

Na descrição das competências específicas por áreas e das habilidades a serem desenvolvidas com a BNCC do ensino médio, busca-se desenvolver ou aperfeiçoar a oralidade além da habilidade leitora discente. Por exemplo, a competência específica 4 da área Linguagens e suas tecnologias declara:

> Compreender as línguas como fenômeno (geo)político, histórico, cultural, social, variável, heterogêneo e sensível aos contextos de uso, reconhecendo suas variedades e vivenciando-as como formas de expressões identitárias, pessoais e coletivas, bem como agindo no enfrentamento de preconceitos de qualquer natureza (Brasil, 2018a: 494).

As descrições de língua como "fenômeno social" e "fenômeno sensível aos contextos de uso" pressupõem uma interação que pode ocorrer por intermédio de texto oral ou escrito. A ideia de que o foco na oralidade é tão importante quanto na leitura parece ser reforçada ante a necessidade de "vivencia[r as línguas] como formas de expressões identitárias, pessoais e coletivas". Ademais, o detalhamento das habilidades para a competência específica 4 parece corroborar este novo *status* da oralidade no ensino da língua adicional na educação básica. Prova disso são as habilidades EM13LGG401 e EM13LGG403 (quadro 5).

Quadro 5: Habilidades descritas para as competências específicas 4 da área de linguagens e suas tecnologias para o ensino médio (Brasil, 2018a: 494)

HABILIDADES
(EM13LGG401) Analisar criticamente textos, de modo a compreender e caracterizar as línguas como fenômeno (geo)político, histórico, social, cultural, variável, heterogêneo e sensível aos contextos de uso.
(EM13LGG402) Empregar, nas interações sociais, a variedade e o estilo de língua adequados à situação comunicativa, ao(s) interlocutor(es) e ao gênero do discurso, respeitando os usos das línguas por esse(s) interlocutor(es) e sem preconceito linguístico.
(EM13LGG403) Fazer uso do inglês como língua de comunicação global, levando em conta a multiplicidade e variedade de usos, usuários e funções dessa língua no mundo contemporâneo.

De forma ampla, a habilidade EM13LGG403: "**Fazer uso** do inglês **como língua de comunicação global**" (grifo da autora) leva a entender que o uso pode ser da língua oral ou escrita. Soma-se a isso a necessidade de desenvolver a habilidade de "empregar, nas **interações sociais**, a variedade e o estilo de língua adequados" (grifo da autora), reafirmando a oralidade como uma das habilidades linguísticas a desenvolver no ensino da língua inglesa também no ensino médio.

De todo modo, toda essa descrição carece ainda da discussão dos possíveis desafios a serem enfrentados durante a implementação do desenvolvimento do Eixo Oralidade da BNCC, como faremos a seguir.

4. Desafios para o desenvolvimento da oralidade

Se a escola precisa preparar os discentes para enfrentarem os desafios da vida cotidiana, a inclusão do eixo Oralidade na BNCC não deve causar nenhuma surpresa, dado que a era das tecnologias digitais provê inúmeras oportunidades para eles poderem interagir com falantes nativos de idiomas diferentes do português, especialmente de língua inglesa.

Prever o ensino de uma língua adicional no currículo básico é valioso, mas é preciso verificar se há docentes em número suficiente para prover esse serviço. Se não houver, é premente promover a formação e capacitação de docentes com domínio da língua para desenvolver a oralidade dos discentes durante as aulas de língua inglesa na educação básica.

Para além da possível demanda de capacitação de professores, é vital pensar nas condições necessárias de sala de aula para o desenvolvimento da oralidade. Precisa-se, minimamente, de infraestrutura, traduzida em salas de aula com recursos tecnológicos (computador/*notebook*, *data show*/tevê digital, caixa de som e amplificador, cabos e adaptadores necessários, acesso à internet, aplicativos, redes sociais, *podcasts* etc.) disponíveis para o professor usar com os alunos, expô-los à língua-alvo e, a partir dessa exposição, trabalhar pronúncia, *intonation*, ritmo visando à inteligibilidade na interação com falantes de diferentes variedades da língua adicional.

Dois desafios que não têm nada de novo são o excessivo número de alunos em sala de aula e a reduzida quantidade de aulas semanais. Esses desafios, inclusive, davam peso à lista apresentada nos PCN de ensino fundamental; 3º e 4º ciclos (1998), e nos de ensino médio (2000), para justificar a orientação de insistir no desenvolvimento da habilidade leitora e não da oralidade. Não obstante o número demasiado de alunos e a restrita carga horária semanal da disciplina terem permanecido inalterados, a orientação da BNCC é desenvolver ambas as habilidades: a leitora e a da fala.

O primeiro desafio traz implicações para o monitoramento dos alunos, uma vez que dificilmente o docente conseguirá monitorar o desempenho de todos os alunos. Isso afetará a qualidade do *feedback* a ser fornecido aos discentes.

Por outro lado, o uso das novas tecnologias pode oferecer uma solução para a dificuldade de monitorar o desempenho individual dos alunos em turmas grandes. Se os alunos utilizarem seus celulares para gravar uma interação ou simplesmente uma apresentação oral (*vide,* neste volume, Cypriano, capítulo 7), o professor poderá monitorar a produção oral e fornecer *feedback* construtivo e mais individualizado ao aluno, mesmo em turmas com alunos demais.

O reduzido número de aulas semanais é um desafio porque limita a exposição do aluno à língua-alvo. Todavia, as novas tecnologias permitem resolver essa limitação: o professor pode fazer uso de ambientes virtuais de aprendizagem nos quais o aluno seja exposto ao idioma fora da sala de aula, ampliando seu tempo de contato com a língua-alvo.

A timidez ou o medo de perder a face perante seus colegas de turma pode impedir os alunos de participarem de atividades orais. Uma possível solução é a condução de *drills*, de diferentes tipos, com toda a turma ou parte dela (*vide* , neste volume, Cypriano, capítulo 7), fornecendo uma prática controlada, preparando-os para usar a língua com mais segurança. Outra possibilidade é o uso das novas tecnologias para gravar em áudio ou vídeo a produção oral dos discentes, reduzindo o nível de ansiedade deles por não terem de se apresentar perante a turma.

Cada contexto educacional é distinto e vivemos na iminência de diferentes desafios surgirem ao longo das interações professor-aluno e aluno-aluno. Não é possível exaurir a discussão sobre os desafios enfrentados na implementação da BNCC no que concerne ao ensino de língua adicional.

4. Considerações finais

A terceira LDB, publicada em dezembro de 1996, vem sofrendo modificações ao longo dos anos. A mais recente foi a implementação da BNCC. O ensino de uma língua adicional estava previsto em lei pelo menos desde 1996. Contudo, até recentemente, a 3ª LDB não determinava oficialmente qual idioma deveria ser ensinado nas escolas de educação básica (espanhol, francês, inglês, alemão etc.). Essa escolha era feita pela comunidade escolar, tendo em vista suas características e necessidades. Com a BNCC, isso foi modificado: passou a vigorar que a língua adicional a ser ensinada a partir do 6º ano do ensino fundamental seria o inglês, considerado a língua franca da atualidade (Brasil, 2017). Para além disso, houve um deslocamento do foco do ensino da língua adicional, que antes incidia quase exclusivamente sobre a habilidade leitora e, agora, distribui o foco entre a habilidade leitora e a oralidade, entre outros.

Essa mudança traz consequências para o ensino de língua adicional, como, por exemplo, a exclusão do ensino de outros idiomas. É importante que a sociedade discuta esse tema e proponha o aumento da carga horária de língua adicional em sala de aula, para que os discentes tenham a possibilidade de aprender pelo menos dois idiomas diferentes.

Ademais, há os possíveis desafios a serem enfrentados por professores e alunos na busca do desenvolvimento da oralidade nas aulas de língua inglesa do ensino fundamental e médio. Nesse cenário, o uso das novas tecnologias por docentes e discentes — em sala de aula e fora dela — pode oferecer soluções práticas, criativas e que promovam o desenvolvimento da oralidade.

CAPÍTULO 2

A expressão oral e a diversidade linguística

Natalia dos Santos Figueiredo
Priscila Cristina Ferreira de Sá

Neste capítulo, discutiremos a importância da expressão oral no ensino de línguas estrangeiras e a relacionaremos com o conhecimento da diversidade linguística. Daremos seguimento a esta seção apresentando alguns resultados de uma pesquisa sobre a expressividade e sua possível aplicação no aprendizado de uma nova língua, com exemplos de tarefas reais. Trabalhamos com maior enfoque na língua espanhola devido à área de atuação das autoras e à pesquisa desenvolvida.

Para ensinar uma língua estrangeira ou adicional[1] (LE/LA), há uma série de fatores a considerar, como, por exemplo, quem são os aprendizes e para que finalidade querem ou precisam aprendê-la. Os processos de aprendizagem de uma nova língua distinguem-se dos de aquisição da língua materna (L1) ou mesmo de uma segunda língua (L2). Krashen (1981) estabelece a dicotomia entre aquisição e aprendizado: uma criança adquire uma língua quando começa a desenvolver a fala; essa aquisição da língua materna ocorre de maneira inconsciente, enquanto o aprendizado desenvolve-se de maneira

[1] Língua Adicional (LA) não é a língua materna do indivíduo, porém está presente e próxima à realidade do falante. É o caso da língua espanhola com relação ao Brasil, sobretudo se pensarmos nas regiões próximas a fronteiras geográficas, onde os indivíduos fazem uso dessa língua com grande frequência.

consciente, na maioria das vezes, via conhecimentos gramaticais. Além disso, pode envolver diferentes momentos de desenvolvimento do aprendiz. A aquisição de uma língua materna ocorre na infância e, eventualmente, também ocorre o mesmo processo para uma segunda língua — no caso de ambientes bilíngues e de contato linguístico. O aprendizado de uma língua estrangeira (ou adicional) normalmente ocorre em outra etapa da vida, muitas vezes, em um período posterior à puberdade do indivíduo; segundo pesquisas, nesse período, há maiores dificuldades do aprendiz de alcançar uma competência semelhante à de um falante de L1.

Que nível de proficiência oral devemos exigir de nossos alunos? É realmente necessário a prática oral ter como objetivo a pronúncia "perfeita", como a de um falante nativo? Há de se pensar também em línguas que apresentam inúmeras variedades, como o espanhol: qual seria sua norma-padrão? Não se pode exigir de um estudante a pronúncia de um falante nativo ou mesmo de uma variedade específica. Pensando ainda na língua espanhola, existe um predomínio de determinadas variedades no que se refere a materiais didáticos disponíveis. Cabe ao docente apresentar mais variedades da língua. É importante também observar a finalidade de aprendizado dos discentes que, por proximidade cultural ou mesmo geográfica, podem identificar-se mais com uma variedade do que com outras.

Na aprendizagem consciente de uma língua estrangeira, cabe ao professor oferecer o *input* necessário na língua meta para garantir o conhecimento, entre diversas metodologias existentes. Ao pensar em prática oral, há algumas etapas de aprendizagem a considerar, como destaca Uribe Mallarino (2014): um período que a autora considera silencioso, relacionado à compreensão, ou seja, a importância de trabalhar a compreensão oral antes de desenvolver a habilidade de expressão oral; depois, os períodos pré-sintáticos e sintáticos. Nesses períodos, temos uma etapa de estruturas mais simples, com frases curtas, e o período seguinte, mais elaborado. Para todas as etapas, é fundamental a participação do docente, sempre respeitando o ritmo dos alunos durante os processos. Além disso, o docente deve estar atento ao momento de realizar as correções necessárias, evitando possíveis fossilizações, geralmente comuns na terceira etapa.

Durante essas etapas, os aprendizes recorrem a diversos recursos para estabelecer a comunicação em uma língua estrangeira (LE) ou adicional (LA). Em casos de línguas próximas, como o português e o espanhol, é bastante comum o estudante recorrer a estruturas de sua língua materna e utilizá-las também na língua meta, num processo chamado de transferência descrito por Pinto (2009) como possivelmente positivo ou negativo. Quando negativo, o processo de transferência é também conhecido como interferência. Pinto (2009) estuda as transferências prosódicas de aprendizes de espanhol do Rio de Janeiro e descreve como esses estudantes transferem padrões do português ao se expressarem na língua estrangeira. Num primeiro momento, a transferência produzida pelos aprendizes pode apenas denunciar o sotaque de cada indivíduo; por outro lado, pode resultar na incompreensão da intenção do falante, pois o significado de determinado contorno entonacional em uma língua pode ter uma interpretação diferente em outra.

Ao tratarmos das práticas de produção oral, precisamos estar atentos não apenas à pronúncia, mas também às intenções do falante e a como suas informações chegam ao ouvinte. É fundamental levar em conta as informações prosódicas da fala em conjunto com os elementos pragmáticos, que envolvem atitudes e emoções presentes na conversação. A expressão oral é uma das quatro habilidades linguísticas, somada à expressão escrita, à compreensão oral e à escrita, e deve ser trabalhada com a utilização de diferentes recursos já disponíveis ou desenvolvidos na sala de aula.

1. Comunicação e entoação

Ao nos comunicar, expressamos diversas intenções: perguntar, pedir algo, demonstrar surpresa, estranheza ou simplesmente responder a um questionamento, entre tantas outras. Porém, às vezes, podem ocorrer mal-entendidos na comunicação, por exemplo, quando uma pergunta retórica ou mesmo uma intenção irônica não sejam percebidas. Isso, muitas vezes, se deve a variações entonacionais em uma mesma língua, como há em espanhol, por exemplo. A entoação integra os estudos prosódicos.

A prosódia estuda os fenômenos suprassegmentais (acústicos) — estendidos ao longo de um segmento — que afetam unidades superiores ao fonema (Cortés, 2001: 11). As características prosódicas da fala são a entoação, o acento, as pausas, o tom, a intensidade, a velocidade de elocução e o ritmo (Aguilar, 2000: 115). Para Quilis (2010: 71), o acento se manifesta como contraste entre unidades acentuadas e unidades inacentuadas, seja em um sintagma ou em um enunciado, e pode desempenhar funções contrastivas e distintivas, além de demarcar ênfase em determinado segmento de um contexto comunicativo.

Com relação à entoação, Quilis (2010: 77) a define como uma função linguisticamente significativa, socialmente representativa e individualmente expressiva da frequência fundamental no nível da oração. Ainda de acordo com Quilis, a entoação desempenha três importantes funções:

(a) **a função linguística**: determina a modalidade de um enunciado, ou seja, se ele é uma afirmação, uma pergunta, uma exclamação ou uma ordem, por exemplo;
(b) **a função sociolinguística**: refere-se às variedades regionais, à faixa etária, ao sexo ou a outras características próprias da fala de cada indivíduo;
(c) **a função expressiva**: refere-se às situações relacionadas às intenções discursivas de um falante. Está relacionada a questões pragmáticas.

2. A expressividade

Moraes (2008) descreve a expressividade linguística como um termo que abrange, por exemplo, as emoções e as atitudes. Cada um desses fenômenos apresenta características prosódicas próprias, distintas umas das outras. Já Fónagy (1993) considera a relação entre a manifestação das emoções e as atitudes do falante e discute as diferenças entre "modalidade" e "atitude", bem como suas relações com as emoções:

> A flutuação semântica que caracteriza o uso dos termos "modalidade", "atitude", "emoção" explica-se provavelmente pelas relações íntimas que unem os fenômenos designados. Embora aparentados, são distintos (Fónagy, 1993: 27).

As emoções e as atitudes referem-se a fenômenos gradientes; as modalidades, não. Um exemplo de modalidade seria a definição de um enunciado como assertivo ou como interrogativo, como apresenta Fónagy (1993):

Ela vem (assertivo).
Ela vem? (interrogativo).

Para Moraes (2008), as atitudes proposicionais são distintas das atitudes psicológicas. As atitudes psicológicas se opõem às emoções por corresponderem a comportamentos controlados (Fónagy, 1993). Já as atitudes proposicionais denotam um estado mental em relação a uma proposição, ou seja, uma reação expressa no tom de fala de um indivíduo a partir de uma informação ou pergunta a ele dirigida.

Segundo Fónagy (1993), as atitudes possuem comportamento controlado pelo indivíduo; portanto, essa característica representa um facilitador para o informante conseguir interpretar as situações anteriormente descritas. Determinadas atitudes proposicionais podem apresentar um rendimento entonacional grande, em diferentes graus dentro de um contínuo (Moraes, 2008). Para o estudo de contextos expressivos, Moraes (2008) propõe a análise de atitudes na expressão de enunciados assertivos e interrogativos totais a partir da relação do falante com o conteúdo proposicional (CP) desses enunciados, num eixo atitudinal que varia de acordo com o grau de mais ou menos certeza expresso com relação ao CP. O falante pode considerar uma proposição de diversas maneiras, seja do ponto de vista cognitivista, do volitivo ou ainda do emotivo (Moraes, 2008).

3. Variedades do espanhol

Como nos concentramos neste capítulo na língua espanhola, citaremos suas diferentes variedades entonacionais. Sosa (1999) descreve o contorno melódico de algumas variedades do espanhol nas modalidades assertivas e interrogativas tanto como totais quanto como parciais. As interrogativas totais são aquelas nas quais se obtém como resposta um "sim" ou um "não"; já as interrogativas parciais são conhecidas como perguntas pronominais, pois em sua estrutura encontram-se pronomes como "onde", "por que", "como" etc. Sosa (1999) analisa as variedades do espanhol de Buenos Aires, Bogotá, Cidade do México, San Juan (Porto Rico), Caracas, La Habana, Sevilha, Barcelona, Pamplona e Madri. Os contornos melódicos de cada variedade possuem particularidades que os definem. Por exemplo: em Madri, um contorno interrogativo total apresenta um movimento ascendente no final do enunciado; já em La Habana, uma mesma interrogativa total apresenta um contorno final descendente.

A partir desses dados, com as descrições fonológicas realizadas por Sosa (1999), foi possível observar como um simples pedido de informação pode ter contornos melódicos diversos, a depender de cada variedade. Um aprendiz de espanhol reconheceria todas essas possibilidades como representando um mesmo tipo de pergunta? Como podemos apresentar essa diversidade aos alunos? Uma segunda questão se refere à produção: como os estudantes brasileiros reproduzem os enunciados em espanhol? Tomam algum padrão como referência, mesmo que de forma inconsciente? Ou transferem o padrão de sua variedade do português? Além dessas questões, como um aprendiz reconheceria outros atos de fala: como um pedido ou uma ordem? Essas mesmas perguntas podem ser utilizadas nos estudos de outras línguas entonacionais.

Ainda com relação às funções linguística e sociolinguística, Pinto (2009) trata justamente da produção e percepção do espanhol como língua materna e como língua estrangeira. A autora analisa a produção de enunciados assertivos e interrogativos totais, em fala lida e espontânea, por falantes de espanhol e de português como língua materna e de espanhol como língua estrangeira. A variedade do espanhol utilizada nessa pesquisa é a de Madri, a do português é a do Rio de Janeiro. A proposta do trabalho é observar quais traços prosódicos se transferem da língua materna para a estrangeira, sendo os falantes de LE profissionais de ensino de língua espanhola no ensino fundamental e médio, e também realizar testes de percepção para o reconhecimento da prosódia apenas pela melodia, com omissão do componente semântico.

Os informantes analisados transferem o padrão que utilizam para a emissão de enunciados em português ao falar espanhol, porém são capazes de reconhecer os padrões melódicos segundo o que realmente representam na maioria dos casos observados. A partir desses dados, pode-se pensar em uma terceira questão: esse padrão do português transferido ao espanhol será reconhecido efetivamente pelo que se pretende expressar? Os informantes reconheceram as modalidades em Pinto (2009), mas reconheceriam as mesmas modalidades acompanhadas de componentes emotivos?

Figueiredo (2011) trabalha a função expressiva da entoação. Para esse trabalho, foram analisadas duas variedades do espanhol da Argentina: Buenos Aires e Córdoba, comparando o contorno melódico de enunciados assertivos e interrogativos totais em diferentes situações expressivas de atitudes proposicionais. As atitudes proposicionais denotam um estado mental em relação a uma proposição (Fónagy, 1993), ou seja, é uma reação expressiva controlada pelo falante, que tem a intenção de expressar determinada atitude. Esse trabalho toma como modelo as descrições de atitudes proposicionais realizadas para o português, na variedade do Rio de Janeiro, por Moraes (2008). A partir de um modelo de enunciado fixo: *Roberta dançava,* estipularam-se diferentes situações comunicativas em que o falante produz o enunciado preestabelecido interpretando as situações das figuras a seguir:

Asserções: eixo das atitudes certeza/dúvida

Correção – Evidência – Asserção neutra – Descrédito – Ironia

←――――――――――――――――――――――――→

[+] Certeza CP Dúvida [+] Certeza ~ CP

Interrogações: eixo das atitudes certeza/dúvida

Confirmativo – Neutro – Estranheza – Retórico

←――――――――――――――――――――――――→

[+] Certeza CP Dúvida [+] Certeza ~ CP

Fonte: Moraes (2008).

Figura 1: Pedido de informação em Buenos Aires.

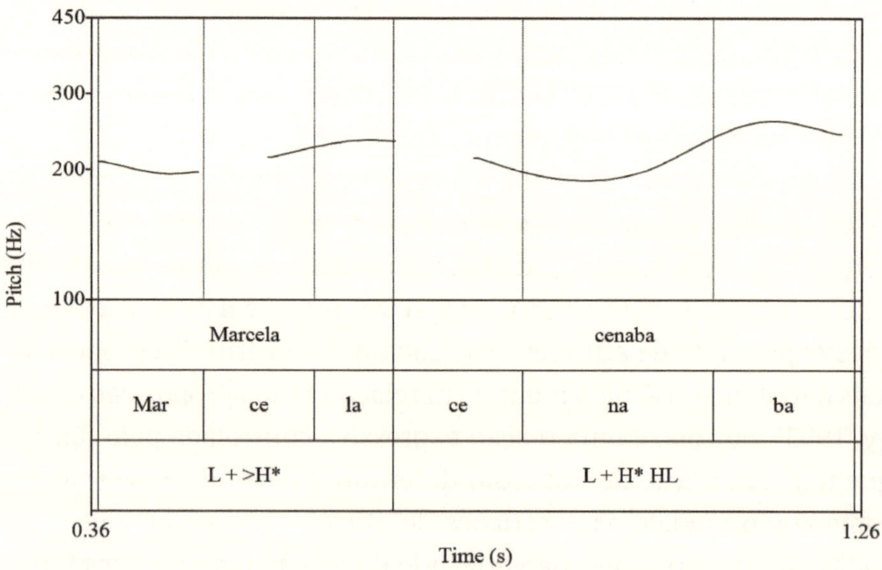

Fonte: Figueiredo (2011).

Figura 2: Pedido de informação em Córdoba

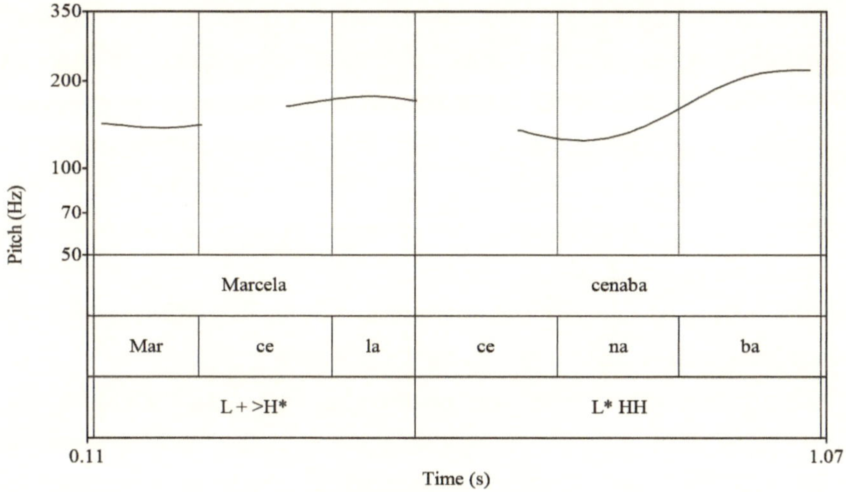

Fonte: Figueiredo (2011).

Figura 3: Médias de duração das sílabas pretônicas, tônicas e pós-tônicas dos enunciados em Buenos Aires (cinza claro) e em Córdoba (cinza escuro) em posição pré-nuclear (esquerda) e nuclear (direita).

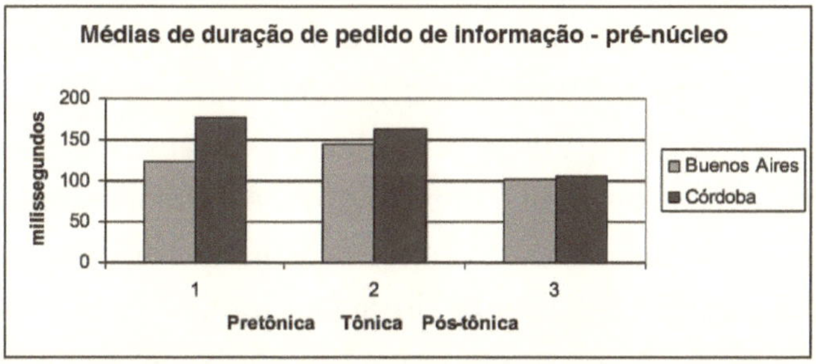

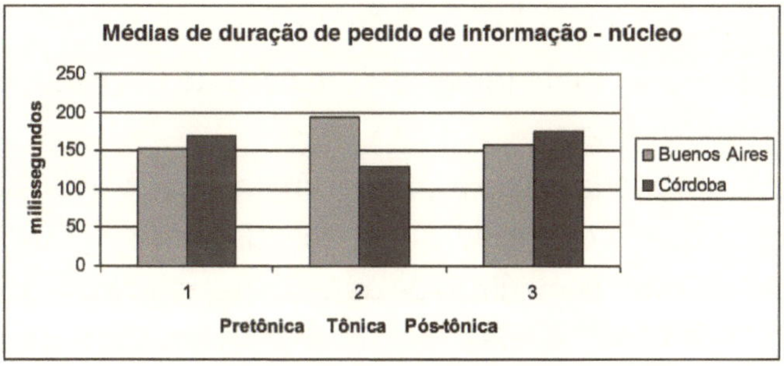

Fonte: Figueiredo (2011).

Essas mesmas situações foram adaptadas ao espanhol, também com um enunciado fixo: ***Marcela cenaba***. Esperava-se saber como esses padrões se comportavam em espanhol — nas variedades de Buenos Aires e de Córdoba. Não foram encontrados padrões específicos para cada atitude, porém observou-se que a distinção entre as atitudes e as duas variedades é definida principalmente por características fonéticas, relacionadas à duração de sílabas e valores de pico acentual e amplitude da frequência fundamental (F0) nos enunciados. Portanto, os fatores distintivos entre as variedades na língua devem levar em conta as questões fonéticas e fonológicas.

Na figura 1, observa-se a curva entonacional do enunciado *¿Marcela cenaba?*, com dois picos localizados nas respectivas sílabas pós-tônicas de *Marcela* e de *cenaba*. No caso de *cenaba*, que corresponde ao final de enunciado, considerando como o núcleo do enunciado a sílaba tônica *-na* e a pós-tônica *-ba*, temos um pico na pós-tônica e um posterior movimento descendente da curva.

Na figura 2, observamos características semelhantes ao contorno da figura 1 em posição pré-nuclear, ou seja, em *Marcela ce*, já no núcleo, temos um pico também na sílaba pós-tônica, porém sem movimento descendente ao final do enunciado.

Na figura 3, apresentamos as médias de duração de seis enunciados interrogativos totais de Buenos Aires e de Córdoba. No quadro à esquerda, as médias de duração no pré-núcleo dos enunciados, ou seja, *Marcela ce*, que apresenta durações ligeiramente maiores nas sílabas de Córdoba. Já no núcleo, o maior contraste se dá na diferença de duração entre sílabas tônicas e pós-tônicas: no caso de Buenos Aires, as tônicas são mais longas; já no caso de Córdoba, as pós-tônicas são as mais longas.

Para as duas variedades do espanhol argentino, observamos contornos distintos entre os enunciados interrogativos totais, e os contrastes também se verificam na medição de duração das sílabas, o que descreve os sotaques característicos de cada cidade e região. Cada dialeto do espanhol terá traços que o descrevem e o distinguem dos demais dialetos;

o mesmo ocorrerá em outras línguas, como o inglês ou francês, por exemplo, que são línguas entonacionais tanto quanto o espanhol.

Em outros casos, como na distinção entre diferentes atos de fala — pedidos, ordens ou súplicas —, pode-se necessitar de mais informações, como recorrer a situações contextualizadas ou mesmo a dados visuais, como a verificação de expressões faciais. Nesse ponto, a prosódia dialoga com a pragmática.

4. Relação prosódia-pragmática

Muitos estudos de pragmática hispânica já tiveram como foco os atos de fala e sua realização em uma ou mais variedades do espanhol, ou contrastaram as realizações de um ou mais atos de fala em uma das variedades do espanhol com outras línguas. Márquez Reiter (2002: 135-136) resgata como pioneiros os trabalhos de Fant (1996) e Curcó (1998), que comparam os estilos comunicativos de mexicanos e espanhóis e suas respectivas percepções de cortesia. Placencia (1994; 1998) e Puga Larrín (1997) somam a esses estudos de variação pragmática a dimensão andina, a primeira comparando as formulações de pedidos por equatorianos e espanhóis e a segunda observando estratégias de atenuação de chilenos e espanhóis.

Os resultados dessas pesquisas mostram mal-entendidos pragmáticos entre falantes de diferentes variedades do espanhol. A maioria dos estudos relatados assinala que os possíveis problemas de comunicação entre as variedades decorrem de diferentes sistemas de cortesia, a partir dos quais falantes latino-americanos tendem a considerar a fala dos espanhóis como muito direta ou mesmo abrupta. Assim como para os espanhóis, os latino-americanos podem ser considerados como excessivamente formais, chegando mesmo a serem considerados como cômicos nas suas estratégias de cortesia.

Márquez Reiter (2002) propõe metodologicamente uma distinção de análise que nos será muito útil entre a *indireticidade*, que tem a ver com a **codificação** das sentenças, e a *tentativa* de **atenuação** da força ilocutiva dessas sentenças. No exemplo (1), a autora apresenta um caso de formulação indireta sem tentativa de atenuação:

(1) ¿Me podés dejar hablar?

A *indireticidade* atua no nível da estrutura do enunciado, afeta o ato de fala quanto às unidades mínimas a partir das quais ele se realiza. A tentativa de atenuação é mais flexível que a indireticidade, pode aparecer no centro do ato ou nos seus elementos periféricos, podendo modificar o pedido interna ou externamente pela adição de elementos mitigadores ou pela modificação interna do enunciado, pela gradação ou pelo tipo de escolhas linguísticas ao codificar o ato de fala. A diferença entre indireticidade e tentativa é assim exemplificada pela autora, com os seguintes dados do seu *corpus*:

(2) ¿Podés atender el teléfono mientras salgo a hacer un mandado?
(3) ¿Podés atender el teléfono por favor mientras salgo a hacer un mandadito?
(4) ¿Podrías atenderme el teléfono mientras salgo a hacer un mandado?

Nos quatro casos, temos um pedido indireto. Nos enunciados (2), (3) e (4), particularmente, o falante não está pedindo que o ouvinte atenda o telefone de forma direta; o pedido é realizado por uma convenção socialmente reconhecível e consagrada, perguntando ao ouvinte se ele tem condições de realizar o ato pretendido. Entretanto, o fato de o enunciado (3) ter sido mitigado pela partícula discursiva de polidez (*por favor*) e pelo diminutivo (*-ito*) faz dele um enunciado mais marcado pela tentativa de atenuação que o (2). O uso da partícula discursiva "por favor" faz com que o enunciado seja menos coercitivo, sem deixar de ser assinalado como diretivo, apesar de o sentido literal do enunciado não ser expressamente diretivo. O enunciado (4) também tem maior tentativa de atenuação pela escolha do condicional: enquanto o indicativo expressa certeza e engajamento com o estado real da situação, o condicional remete à ideia de que a realização do evento em questão depende de algum outro fator. Enquanto no enunciado (3) as marcas de tentativa de atenuação são modificadores internos de mitigação que se somam ao enunciado, no enunciado (4) as marcas de tentativas de atenuação se dão pela escolha das formas linguísticas que codificam o ato de fala em si.

Para a autora, o fato de alguns desses pedidos indiretos terem sido estrategicamente mitigados com diferentes sentidos, provavelmente, afeta o valor perlocucionário do enunciado. Para ela, os três enunciados expressam o mesmo grau de indireticidade convencional. Marquez Reiter (2002: 137) retoma a análise de Haverkate (1994) para definir um ato de fala indireto convencional, distinguindo:

(5) Aparque usted su coche.
(6) ¿Quiere usted aparcar su coche?

De acordo com os critérios de estrutura proposicional (Searle, 1975; Davidson, 1975), temos um pedido direto em (5) e um pedido indireto em (6), pois há naquele uma relação direta entre forma (imperativa) e função (pedido), enquanto há neste uma relação indireta entre estrutura (interrogativa) e função (pedido). Entretanto, para Haverkate, ambas são diretas no sentido de que só serão interpretadas socialmente como pedidos devido ao seu alto grau de convencionalização de sentido. O falante necessariamente interpreta o enunciado como um pedido de ação e não como uma interrogativa à espera duma resposta do tipo sim/não.

Para Haverkate, há instâncias de imposição nos dois casos de pedidos diretos, pois:

(a) o sujeito do enunciado é o interlocutor;

(b) o tempo não se refere ao futuro ou ao passado;

(c) a predicação deve denotar ação (por parte do interlocutor).

Para Haverkate (1994) e Márquez Reiter (2002), o critério da estrutura proposicional não pode ser a única perspectiva para analisar atos diretivos, as categorias empregadas para a análise têm de ser muito finamente detalhadas ou bem descritas, a fim de se poderem comparar variedades e medir variações linguísticas. Os enunciados (1), (2), (3), (4) e (6) têm o mesmo grau de indireticidade por sua codificação linguística, mas sua percepção performativa em variedades do espanhol não tem o mesmo impacto. Esses pedidos têm o mesmo grau de indireticidade (convencional), mas não necessariamente o mesmo grau de tentativa (de mitigação ou atenuação da sua força impositiva).

5. Proposta didática de prática oral

Com base em pesquisas e materiais existentes, organizamos uma proposta metodológica em 3 etapas para trabalhar a expressividade em sala de aula. Ela pode ser aplicada ao ensino de diferentes línguas:

(1) **Etapa descritiva**: contempla a apresentação dos resultados de pesquisas adaptados para fins didáticos que possam ser produzidos pelos docentes. Nessa etapa, os aprendizes entrarão em contato com as variedades existentes e serão capazes de observar divergências em convergências relacionadas a área dialetal, contexto de fala etc.

(2) **Etapa perceptiva**: trabalha a percepção das variedades com os estudantes — o reconhecimento das variedades em processos auditivos e visuais — com o aporte de ferramentas que auxiliem nesse processo. A meta é praticar a compreensão das intenções implícitas na fala: as emoções, as atitudes etc.

(3) **Etapa produtiva**: visa à prática da produção oral dos alunos, pensada em finalidades específicas para cada necessidade de ensino.

6. As propostas

Descrição entonacional

Um primeiro momento da prática oral em língua estrangeira corresponde a apresentar as variedades linguísticas de uma língua aos estudantes. Mas de que maneira? Atualmente, já estão disponíveis recursos *online* para auxiliar o professor nessa tarefa. Citamos como exemplo o *Atlas Interactivo de la entonación del español* (Prieto; Roseano, 2009-2013), projeto coordenado pelo *Grup d'Estudis de Prosòdia*, com sede na Universidad Pompeu Fabra, Barcelona, e com colaboradores em diversas universidades europeias e latino-americanas. A proposta desse *Atlas* é disponibilizar dados comparáveis em variedades do espanhol, organizados por países, áreas dialetais geográficas ou de contato linguístico. São analisados dados de áudio (fala representada em questionários e fala espontânea em *maptasks*) e dados audiovisuais (fala espontânea em entrevistas). O material apresenta diferentes modalidades de enunciados em amostras de falas lidas e espontâneas.

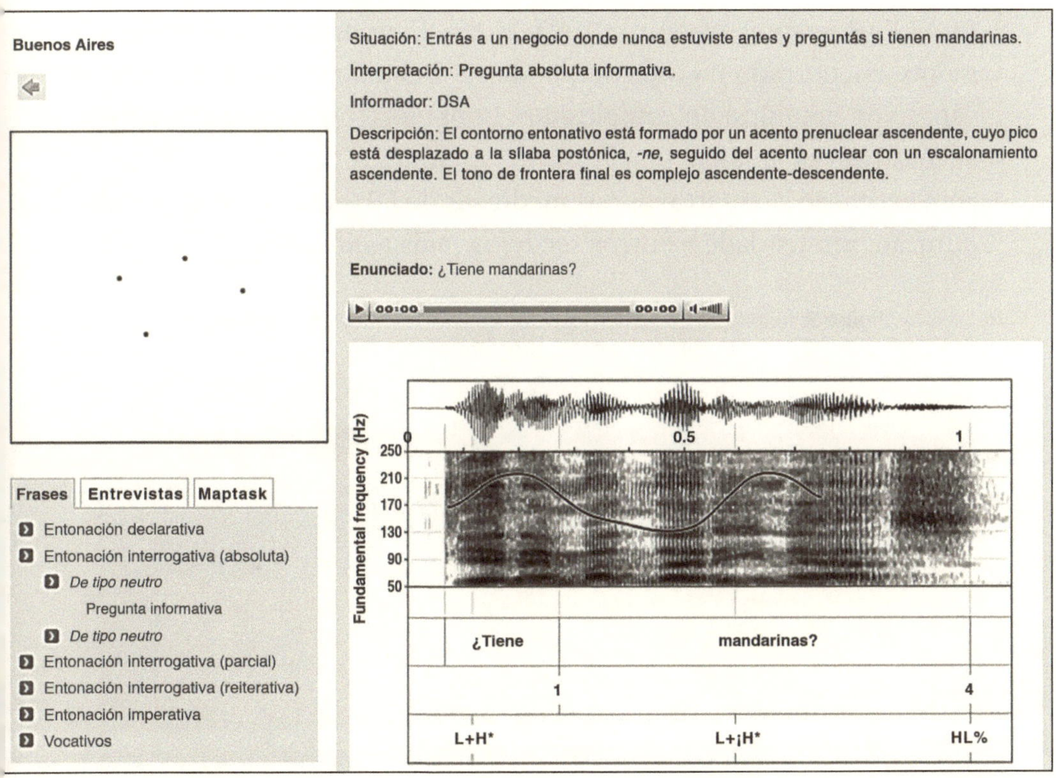

Figura 4: Apresentação dos dados no *Atlas de la entonación del español.*

Um professor pode organizar também uma seleção de mostras de fala de diferentes variedades de uma língua, com o auxílio da internet e de plataformas de áudio ou vídeo, com fragmentos de filmes, entrevistas etc. e, assim, organizar sua base de dados didática, selecionando o que é importante descrever para os estudantes e, assim, passar ao segundo ponto.

Questões perceptivas

Na descrição das variedades, também é possível trabalhar a percepção, com consulta aos dados encontrados em ferramentas *online*, como o *Atlas interactivo de la entonación del español;* mas também é possível trabalhar com outras amostras de fala selecionadas de diversos meios audiovisuais, ou mesmo produzidas em sala de aula, para a compreensão e análise em programas de análise acústica, como o PRAAT (Boersma; Weenink, 1993-2016). Esse programa é gratuitamente encontrado na internet, pode ser baixado e não ocupa muito espaço de memória do computador. Com ele, é possível realizar gravações breves, análise de contornos melódicos de arquivos de som com extensão .wav, através das medições de F0 (curva entonacional), duração, intensidade e outros recursos mais avançados.

Figura 5: Ilustração do contorno melódico de um enunciado segmentado e analisado no programa PRAAT.

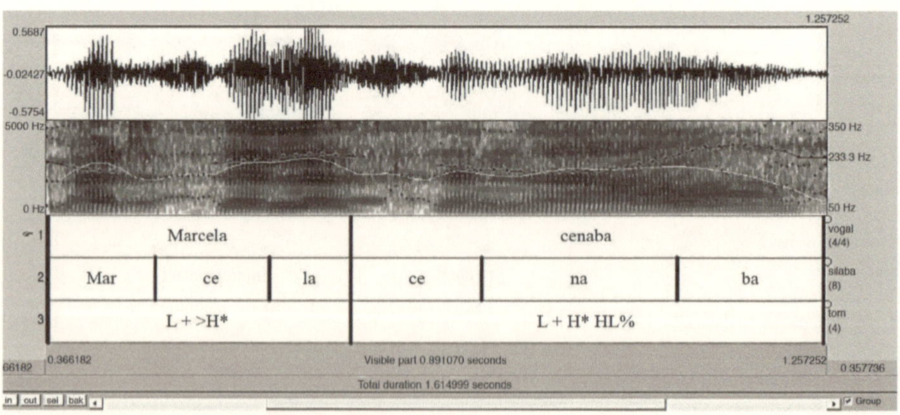

Fonte: Boersma e Weenink (1993-2013).

Na figura 5, vemos uma representação acústica de um enunciado lido pelo programa PRAAT, com as marcações de entoação, intensidade e formantes. Além disso, realizou-se a segmentação por sintagma, sílabas e descrição fonológica do enunciado *Marcela cenaba*.

Outro programa para gravações de áudios é o Audacity, também gratuito. Esses materiais contribuem com o terceiro ponto destacado: o da produção.

Figura 6: Ilustração de um arquivo de áudio lido pelo programa Audacity.

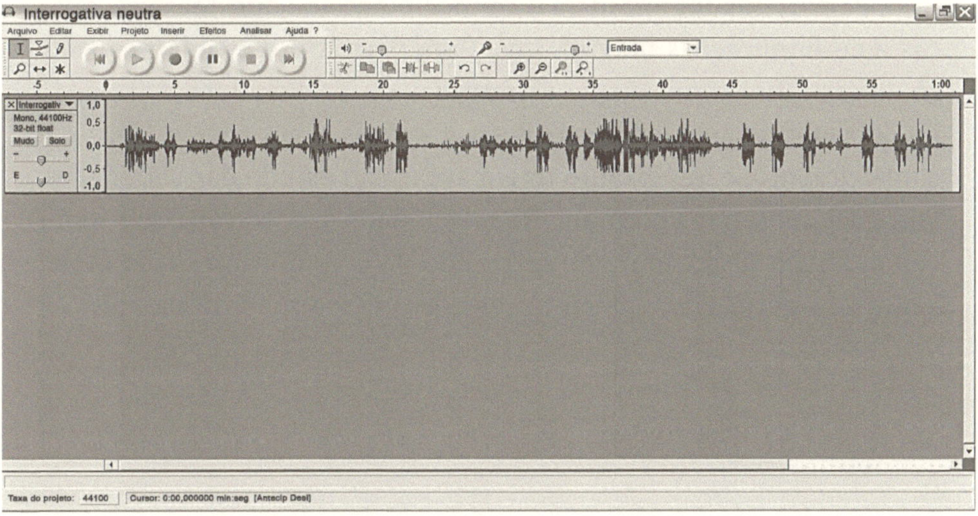

Atividades de produção em sala de aula

Com as ferramentas de gravação de áudios, pode-se trabalhar em sala de aula com a análise da produção oral dos alunos, comparando padrões de sua língua materna com os da língua estrangeira em diferentes variedades. Esse tipo de visualização de padrões melódicos pode levar a concretizar finalidades específicas de aperfeiçoamento da entoação de um aprendiz. A partir dos resultados obtidos com as atividades de produção, tanto o docente quanto os estudantes podem avaliar os traços que merecem mais atenção no desenvolvimento da comunicação em língua estrangeira, e até onde o que descrevemos como "sotaque" da língua materna interfere na fluência da interação oral.

7. Conclusão

Com este capítulo, não se pretende defender a ideia de que, para se comunicarem, os aprendizes de uma língua estrangeira tenham a obrigação de alcançar determinado padrão entonacional, como o de um nativo da língua-alvo. Há, sim, a necessidade de reconhecer as variedades e possíveis intenções comunicativas em LE. Porém, ainda há poucos trabalhos que descrevam o componente pragmático que acompanha a entoação.

É de extrema importância o conhecimento de questões prosódicas e de implicações pragmáticas. Para docentes e estudantes, não só de espanhol como língua estrangeira ou adicional, mas também de outras línguas, e que trabalham e estudam em outras áreas do conhecimento, é importante terem acesso ao estudo das variedades entonacionais, tema diretamente relacionado à interação entre indivíduos. Além disso, um mal-entendido de comunicação pode gerar sérias consequências e afetar as relações pessoais e profissionais.

CAPÍTULO 3

A avaliação das habilidades orais[1]

Simone Batista da Silva
Lia Santos de Oliveira Martins

1. Introdução

A avaliação é uma parte muito relevante do processo escolar tanto para o avaliador quanto para o avaliado. O momento de atribuir valor em

---

[1] Nota de esclarecimento: No momento em que este capítulo foi pensado e elaborado, a Base Nacional Comum Curricular (BNCC) estava ainda em construção e em sua segunda fase de apresentação à sociedade civil — fase que contaria com a colaboração coletiva de docentes e segmentos da sociedade brasileira. Por ser uma construção coletiva, a BNCC vinha apresentando avanços quanto ao ensino de línguas adicionais no sistema formal de educação do país. Entretanto, após o *impeachment* da Presidenta Dilma Rousseff e a instalação do governo de seu vice, Michel Temer, todos os diálogos havidos entre a sociedade civil e os elaboradores da BNCC foram ignorados. Uma nova BNCC foi publicada — esta, com texto completamente diferente do que estivera em construção nos dois anos anteriores.
Embora esse documento legal tivesse sido divulgado em duas versões anteriores provisórias abertas ao debate e à construção coletiva, a versão final publicada em 2017 (ensino fundamental) e 2018 (ensino médio) diverge da proposta original e apresenta, em relação ao ensino de línguas adicionais, um perfil claramente voltado aos interesses neoliberais.
Assim, achamos imprescindível esclarecer aos leitores que todas as menções à BNCC apresentadas neste capítulo referem-se à BNCC provisória. Como professores de línguas e cientes da importância das línguas na construção dos sujeitos, não concordamos com a BNCC normativa e de referência nacional (p. 7), que define as "aprendizagens essenciais" e indica "conhecimentos e competências" (p. 7). Tampouco aprovamos a manobra de alteração do texto da lei nº 9.394/96, a Lei de Diretrizes e Bases da Educação Nacional, que, em sua versão original, no artigo 26, em seu parágrafo quinto, prescrevia que, a partir da 5ª série (equivalente ao 6º ano), seria incluído, obrigatoriamente, o ensino de pelo menos uma língua estrangeira moderna na parte diversificada do currículo. Pela manobra, o texto da lei, atualmente, retira a obrigatoriedade da língua estrangeira moderna e prevê expressamente o ensino de língua inglesa — uma medida que retarda ou impede o fortalecimento do bloco sul-americano e das relações mais fluidas entre o Brasil e nossos vizinhos falantes de espanhol, claro subserviência aos anseios neoliberais em voga.

meio a um processo tão complexo e rico quanto a aprendizagem não poderia mesmo ser uma tarefa simples nem trivial. Sendo um tema controverso, a avaliação preocupa professores, alunos, pais de alunos, psicólogos, psicopedagogos, assistentes sociais e toda a comunidade escolar. Vive-se, no âmbito educacional, em busca de um instrumento eficaz para averiguar o trabalho docente, para avaliar o trabalho conjunto de professor e alunos e para compará-los com os objetivos propostos, na intenção de verificar quais foram os progressos, os percalços, os entraves, as dificuldades, os conteúdos não internalizados, de modo a sinalizar a necessidade, ou não, de revisitar o trabalho pedagógico.

Segundo Luckesi (1994: 172), "a avaliação é um julgamento de valor sobre manifestações relevantes da realidade para uma tomada de decisão". A avaliação não se limita ao instrumento utilizado, antes demanda ação imediata para possíveis ajustes e reparos no trabalho pedagógico. Tendo em mente essa proposta ampla de avaliação, este capítulo se propõe discorrer sobre o ato de avaliar, sobre as implicações desse ato processual, levando em consideração que a avaliação traz em si o mecanismo "ação-reflexão-ação" (*idem*), ou seja, exige pensar uma ação já realizada para gerar outra ação que venha ao encontro das necessidades contextuais do grupo.

Nosso capítulo enfoca o processo avaliativo voltado para as habilidades orais de aprendizes de língua adicional. Embora o objeto de nossa prática docente e de nossas investigações científicas seja a língua inglesa, a discussão aqui empreendida serve também para professores de outras línguas, desde que pensem o trabalho avaliativo como parte fundante do processo de apropriação das línguas.

Estruturalmente, na primeira seção, abordamos o trabalho docente como *práxis*, de onde a importância do papel ontológico do processo avaliativo. Na segunda seção, ajustamos o foco da avaliação para as habilidades orais de aprendizes no ensino formal, mostrando um pouco da história recente da inserção no currículo e da avaliação das habilidades orais na escola. Na terceira e última seção, tomamos como base autores das teorias pós-coloniais de educação para embasar nossas ideias sobre a avaliação das habilidades orais como um dos elementos da *práxis* docente.

Em seu aspecto teórico-metodológico, este capítulo não traz análises nem interpretações de dados coletados por meio de aplicação prática ou de relatos etnográficos concernentes à avaliação. Ele se limita à discussão teórica sobre o ato de avaliar habilidades orais do falante aprendiz de língua e a problematizar essa avaliação sob o prisma pós-colonial do ensino de línguas. Este capítulo não aborda o processo de avaliação no trabalho docente, tampouco ensina a avaliar aprendizes de língua. Nossa intenção é problematizar a avaliação de habilidades orais, a filosofia subjacente às nossas práticas avaliativas e localizar a avaliação como uma das atividades pertinentes à *práxis* docente, o que remete, imediatamente, ao caráter político da educação (Freire, 1979).

2. A avaliação na práxis docente

Já há um tempo, educadores, professores e pesquisadores consideram a ação docente uma *práxis* (Chauí, 2004; Giroux, 2007). Eles entendem que o exercício da docência pressupõe ação sociopolítica e histórica. Nesse prisma, a aula de língua não se limita a um encontro entre indivíduos para ensinar e aprender uma língua e suas regras gramaticais, vocabulário, prosódia ou ortografia. Muito mais que isso, a ação do professor pode modificar seu contexto imediato. Fazer uso de uma língua é agir semioticamente sobre determinado contexto, construindo realidades e produzindo sentidos ideológicos e atravessados por crenças, valores, conceitos e preconceitos dos sujeitos interactantes numa relação sociocomunicativa.

Cada atitude docente, cada aula planejada, cada exercício proposto, cada texto trabalhado, cada procedimento metodológico e instrumento de avaliação representarão princípios filosóficos subjacentes à prática docente global. Afinal, cada procedimento docente em sala de aula, cada proposta de atividade é uma ação sociopolítica e histórica e não apenas ação ingênua de simples compartilhamento de conteúdos programáticos como fins em si mesmos.

Nesse mesmo sentido, a avaliação não vai poder simplesmente classificar aprendizes. Para além disso, ela traz em si a filosofia que embasa a proposta pedagógica em curso e o modo como o avaliador e o avaliado agem semioticamente em seu contexto e desempenham seus papéis de sujeitos.

Não raramente, porém, podemos ter conhecimento de situações em que a avaliação é vista apenas como uma moeda de troca para a progressão à série seguinte ou a níveis posteriores. Em outros casos, constata-se a avaliação excludente, que se põe à frente do aluno como um instrumento para excluir, como se fosse um concurso, em que muitos candidatos concorrem a um número mínimo de vagas. A avaliação escolar não pode tomar o caráter de concurso; é necessário lembrar a todo instante que o instrumento de avaliação deve servir como uma ferramenta eficaz para avaliar o trabalho pedagógico desenvolvido em sala de aula durante determinado período de tempo, e jamais para excluir estudantes.

Como sinaliza Luckesi (1994), a avaliação tem um papel ontológico. Seu cerne é o sujeito. Os PCN do ensino fundamental, no seu volume *Línguas estrangeiras* (1998), preconizam que a avaliação é necessária a quatro sujeitos: o aluno, o professor, os responsáveis[2] e a sociedade. Usando esses argumentos, mas complementando com nossas próprias inferências, a avaliação é necessária ao aluno, porque ele merece obter indicações contínuas dos resultados das produções de conhecimento em que se engaja, analisando sua própria interação com os saberes; necessária ao professor, porque lhe permite monitorar tanto a evolução do processo de aprendizagem quanto a eficácia de seu trabalho didático-pedagógico; aos responsáveis, porque lhes possibilita acompanhar o desenvolvimento de seus educandos; e,

[2] Na verdade, o documento usa a palavra "pais". Preferimos utilizar a palavra "responsáveis", mais adequada às múltiplas configurações familiares em que nem sempre "pais" são os responsáveis pela educação formal de um estudante do ensino básico.

finalmente, a avaliação é importante para a sociedade, à qual o sistema educacional deve satisfações diretas sobre sua eficácia, por fornecer dados para o acompanhamento de seu investimento em educação.

A avaliação precisa se ocupar da totalidade e não apenas do que Luckesi (1994) chama de "reducionismo focalista", isto é, ocupar-se apenas da manifestação, do que é observável superficial e imediatamente. Avaliar um estudante é tomar o que ele oferece como resposta concreta e pensar sobre os elementos que compõem a complexidade dessa concretude. Um instrumento de avaliação eficaz precisa exercer impacto sobre o aluno, favorecer uma atitude responsável da parte dele no processo educativo, em relação aos conteúdos sistematizados e ao conhecimento produzido em sala de aula em vista de seu progresso. É isso o que também preconiza a Base Nacional Comum Curricular - BNCC[3] (Brasil, 2016), ao afirmar que o aluno deve ser protagonista de sua aprendizagem.

A avaliação tem três tarefas (Libâneo, 2008): verificação — coleta de dados sobre o aproveitamento dos alunos; qualificação — comprovação dos resultados alcançados em relação aos objetivos propostos; e apreciação qualitativa — comprovação tendo em vista os resultados esperados. Além dessas tarefas, a avaliação tem as funções de diagnóstico e de controle. A função diagnóstica caracteriza-se como uma sondagem acerca dos conhecimentos sistêmicos e esquemáticos dos alunos, a fim de saber em que ponto do desenvolvimento do conteúdo se pode continuar (ou iniciar) o trabalho didático-pedagógico. Essa função é importante por permitir identificar necessidades e ajustes. A função de controle permite avaliar como os alunos assimilaram os conteúdos compartilhados pelo professor, que habilidades foram desenvolvidas, quais objetivos foram alcançados, quais não.

Muito frequentemente, a avaliação tem se concentrado apenas na função de controle, ignorando a importância da função diagnóstica;

---

[3] A Base Nacional Comum Curricular - BNCC ainda está em fase de discussão, revisão e avaliação por pares (como será explicitado mais à frente neste capítulo), mas, desde sua primeira redação para apreciação, vem salientando, ao longo de seu texto, o caráter ontológico da avaliação.

perde seu caráter de instrumento para desafiar os alunos e adquire o de mecanismo de punição, quando o necessário é utilizar um instrumento que ofereça desafio ao aluno no momento da avaliação, de modo que ele mostre o quanto é capaz de aplicar o conhecimento produzido ao longo do tempo.

É preciso pensar numa avaliação que utilize realmente instrumentos legítimos e eficazes para fornecer alimento, sustentação e orientação à ação pedagógica. É preciso usar instrumentos de avaliação que permitam pensar a ação docente, avaliar o desempenho dos aprendizes e elaborar estratégias para o sucesso do processo ensino e aprendizagem. Sugerimos alguns critérios, baseados em Libâneo (1994), para que o instrumento de avaliação seja eficaz em suas tarefas, funções e propostas educacionais:

(1) Ocorrer em concatenação com as outras instâncias do projeto educativo (objetivos, conteúdos, métodos etc.).
(2) Refletir a filosofia de ensino adotada no espaço escolar.
(3) Balizar possíveis revisões do plano de ensino.
(4) Representar um desafio aos alunos, com nível de dificuldade adequado — nem muito pouco nem exagerado —, de modo a conduzi-los ao crescimento.
(5) Respeitar que todos somos diferentes (os alunos são diferentes entre si, com epistemologias diferentes).
(6) Ser claro e estar ligado às epistemologias dos alunos, à cientificidade da época (não sendo um instrumento ultrapassado, anacrônico).
(7) Cooperar para fazer com que o conteúdo seja relevante para uma mudança de atitude no cotidiano.
(8) Ajudar no diagnóstico.

3. A avaliação das habilidades orais no ensino formal

Queremos convidar o leitor à reflexão e à problematização do ato de avaliar habilidades orais. Outros capítulos deste livro discutem a importância da oralidade na formação do aprendiz de língua adicional, o valor dos traços prosódicos nas interações sociocomunicativas e as implicações sociais e linguísticas do desenvolvimento das habilidades orais.

Os Parâmetros Curriculares Nacionais-PCN (Brasil, 1998), em sua seção Língua Estrangeira, indicavam a habilidade comunicativa da leitura como foco do ensino de língua estrangeira nas escolas do Brasil, justificando tal escolha pelos motivos a seguir:

> Deve-se considerar também o fato de que as condições na sala de aula da maioria das escolas brasileiras (carga horária reduzida, classes superlotadas, pouco domínio das habilidades orais por parte da maioria dos professores, material didático reduzido a giz e livro didático etc.) podem inviabilizar o ensino das quatro habilidades comunicativas [...] (Brasil, 1998: 21).

O documento norteador da prática docente de língua estrangeira, embora não apresente números comprobatórios, traz em seu texto uma constatação e — por que não? — certo conformismo com a situação de falta de habilidades orais dos professores de línguas estrangeiras. Percebe-se uma escamoteada acomodação à falta de desenvolvimento das habilidades orais no ensino formal, pois, se os professores não possuem habilidades orais, como serão capazes de desenvolver tais habilidades em seus alunos? Seguindo esse raciocínio, no ensino formal, os aprendizes não precisam nem ouvir nem falar, mas precisam ler e escrever; ou seja, as habilidades orais podem ficar em segundo plano — se ficarem em algum plano — na proposta de trabalho pedagógico. Isso nos parece contraditório, já que muitos jovens em idade escolar procuram as escolas de idiomas com a intenção de desenvolver as habilidades de falar e entender língua estrangeira.

Seguindo esse caminho, a avaliação das habilidades orais no ensino formal passa a ser considerada sem importância tanto pelo sistema quanto por professores, por aprendizes e seus responsáveis, o que é lamentável.

Já as Orientações Curriculares para o Ensino Médio, em sua seção Línguas Estrangeiras – OCEM-LE (Brasil, 2006), caracterizam-se por avanços na prática docente em línguas estrangeiras, trazem novas perspectivas para o ensino de línguas nas escolas de ensino médio do país e balizam a prática docente pelos princípios dos letramentos críticos, propondo não somente o trabalho com as quatro habilidades (ouvir, falar, ler, escrever), mas também sugerindo a inserção de textos multimodais e a contextualização sociocultural na prática de ensino de línguas, visando à promoção da pluralidade no espaço escolar.

> Com esse intuito, nas orientações que se seguem, mantemos a terminologia já existente como *comunicação oral, leitura e prática escrita*. Porém, esses termos precisam ser entendidos não como partes conceituais da concepção anterior de quatro habilidades numa visão de linguagem como totalidade homogênea, mas sim na visão alternativa de heterogeneidades abertas e socioculturalmente contextualizadas (Brasil, 2006: 110, grifos no original).

O documento justifica a novidade da clara indicação para que o trabalho pedagógico na sala de aula de línguas estrangeiras desenvolva as habilidades orais nos alunos expondo resultados de pesquisas realizadas com professores e alunos de línguas estrangeiras. Com os dados dessas pesquisas, comprova a frustração de alunos ao não terem desenvolvidas as habilidades orais durante sua trajetória escolar. Dessa forma, o documento defende que essas habilidades sejam desenvolvidas, exploradas e avaliadas adequadamente durante o ensino formal.

Mais recentemente, a BNCC (Brasil, 2016), documento em sua segunda versão divulgada para apreciação, também aponta para um trabalho que busque desenvolver a oralidade dos alunos do ensino formal. Além de ser clara a indicação de desenvolvimento das habilidades orais do educando, o documento propõe que as aulas do componente curricular língua estrangeira moderna propiciem oportunidades para a compreensão e produção de textos orais, a fruição de textos orais nos mais variados gêneros e a compreensão e valorização do plurilinguismo, da diversidade sociocultural e da variação linguística.

Por ser muito recente a indicação de trabalho pedagógico envolvendo as habilidades orais, muitas vezes, a avaliação dessas habilidades é deixada de lado; todavia, a prática das habilidades orais em sala de aula e sua avaliação podem estabelecer o diferencial na aprendizagem. O teste de habilidades orais, por exemplo, é um instrumento de avaliação imprescindível. Ele permite avaliar o desempenho do aprendiz *na* língua (e não *sobre* a língua), o nível de sua constituição identitária na e pela língua em aprendizagem, não simplesmente o conhecimento sobre a estrutura da língua, sua morfologia e gramática. No entanto, a sociedade grafocêntrica legitima os exames escritos, as provas que testam o uso da gramática, a compreensão escrita, os conteúdos sobre a língua, em detrimento do fazer-se sujeito na nova língua.

Nesse ponto, a BNCC representa mais um avanço no plano da educação formal por inserir a habilidade oral como uma proposta para o ensino formal e por incentivar a avaliação dessas habilidades. Além disso, em se tratando de língua estrangeira, e sabendo que a língua não se apresenta homogênea a seus falantes, valorizar o plurilinguismo e a diversidade sociocultural — como o documento orienta — tem a ver com a valorização direta das diversas variedades da língua estudada. O documento ainda destaca que "as práticas de avaliação formativa sejam coerentes com essa perspectiva" (Brasil, 2016: 131). A avaliação empreendida na sala de aula de língua inglesa, e das línguas adicionais em geral, no território nacional, deve levar em conta variedades, idioletos, manifestações plurilíngues dos falantes da língua em aprendizagem.

Embora não destine uma seção exclusiva a possíveis caminhos para a avaliação no ensino formal, o documento acentua o protagonismo que o aluno deve exercer em sua aprendizagem e em sua avaliação, o que remete ao caráter ontológico da avaliação já apresentado por Luckesi (1994). Importa que a avaliação seja produtiva e desafiadora, de modo que a sala de aula seja, como indicam Silva e Silva (2016), o espaço privilegiado para a construção de perguntas e não para o fornecimento de respostas.

Outro ponto importante é definir quais são os objetivos pedagógicos da avaliação, a quais interesses ela serve e quais ações podem ser empreendidas a partir dos resultados apresentados. Uma avaliação tem de ter objetivos pedagógicos subjacentes à sua prática. A avaliação das habilidades orais não é um processo isolado da prática docente, mas um elemento da *práxis* docente na sala de aula de língua.

Nesse planejamento do processo avaliativo, é urgente definir o que são *habilidades orais*, o objeto de avaliação nesse processo. Elas se limitam a ritmo, acentuação de intensidade, entonação, fala conexa? Ou seriam o acento de intensidade (*stress*), a cadência que o ajuste desse acento proporciona aos enunciados numa fala conexa, os padrões melódicos da língua, a entonação isolada e conexa, pronúncia de palavras isoladas, sotaques (ou a minimização deste)? Ou haveria foco na formação de identidade como falante — daí decorreria outra questão: como se mede tal objeto?

É preciso pensar sobre esses aspectos e definir quais habilidades orais podem ser testadas, quais aspectos podem ser privilegiados, exigidos ou descartados. O avaliador precisa ser criterioso, embora flexível, e levar em conta a quais aspectos dedicar mais atenção, maior importância, maior pontuação e por quê.

4. A proposta pós-colonial para a avaliação das habilidades orais

O modelo colonial de avaliação leva em conta um padrão, um modelo, uma resposta certa. E as respostas certas, os padrões e modelos são, geralmente, definidos pelas nações historicamente poderosas do globo terrestre. Em se tratando de avaliação em língua, sabemos que essa prática social está atravessada por sistemas de valores, crenças e poderes. A valoração de uma ou outra variedade prosódica é resultado de um processo socialmente construído. Não existe na pronúncia, por si só, algo que a possa caracterizar como menos ou mais importante que outra. Como pontua Jordão (2013: 80),

> [...] não há conhecimento mais elaborado a ser alcançado pelas classes populares, pois o conhecimento é sempre elaborado, sempre complexo, sempre sofisticado. O que discrimina os conhecimentos em sua

legitimidade são processos sociais de atribuição de sentidos (e valores) diferentes às formas de conhecimentos conforme sejam produzidas por determinados grupos sociais – se o grupo a quem se atribui determinado conhecimento for um grupo socialmente desvalorizado, assim também tende a ser o conhecimento por ele produzido.

Aplicando essa consideração da autora à avaliação das habilidades orais, não cabe exigir a pronúncia que provém das tradições prosódicas das nações hegemônicas, mas problematizar por que essas pronúncias são valorizadas e outras não o são. Martinez afirma: "As línguas representam meios tanto para a paz quanto para a guerra, e a gestão que fizermos do plurilinguismo de nosso mundo condicionará o futuro dele" (Martinez, 2012: 106). Esse é o caráter político das línguas, práticas sociais atravessadas por relações de poder. As escolhas que, como usuários, fazemos no uso da língua podem denotar preconceito, privilégios e afiliações ideológicas. O posicionamento do autor é um verdadeiro chamado aos professores e avaliadores da aprendizagem de língua para que façam a "gestão do plurilinguismo" e contribuam para a coexistência entre diferentes sujeitos falantes e sociocomunicantes.

Os teóricos pós-coloniais já vêm há tempos expondo o quanto a língua e seus traços prosódicos podem ser utilizados como instrumentos de controle cultural (Kumaravadivelu, 2003). O respeito às diferenças individuais dos sujeitos, incluindo seus idioletos, torna-se a tônica do ensino de línguas pelo viés pós-colonial. As variantes híbridas resultantes das apropriações locais da língua do colonizador devem ser consideradas variantes legítimas dessa língua — o inglês aborígene da Austrália, o do Canadá, os ingleses dos países africanos, entre outros. Pensando em termos de *práxis* pedagógica, o processo de avaliar as habilidades orais dos alunos pode, certamente, refletir posicionamentos geopolíticos que balizam o projeto pedagógico do professor, da instituição, da prática docente.

No caso do inglês e do espanhol, sabe-se o quanto essas línguas tomaram amplitudes exacerbadas no globo terrestre. Logo, várias modificações vêm acontecendo em seus aspectos semântico, sintático, fonético e fonológico. Em relação à língua inglesa, por exemplo, há mais de uma década, segundo pesquisas de Crystal (1997 *apud* Crystal, 2005), 380 milhões de pessoas falam inglês como língua nativa, cerca de 300 milhões a usam como segunda língua e cerca de 1 bilhão de pessoas, como língua estrangeira[4]. Temos variedades diversas, a saber: Índia, Canadá, Austrália, Nigéria, Jamaica, Libéria, Nova Zelândia, Belize, Barbados, África do Sul, Bahamas, Guiana, Estados Unidos da América, Reino Unido; sem contar entidades não estatais, como Hong Kong, Ilhas Bermudas, Cayman, Malvinas, Pitcairn, Ilhas Virgens Britânicas e Ilhas Virgens Americanas, entre tantos outros espaços geográficos politicamente constituídos.

Sendo tão vastamente falado, o inglês apresenta hoje uma infinidade de variações e uma riqueza singular de apropriações mundo afora. Privilegiar uma ou algumas dessas variantes, principalmente as dos falantes de países historicamente centrais, é atuar no reforço dos objetivos de poderio geopolítico. Isso nos faz novamente retomar o pensamento acerca dos objetivos pedagógicos da avaliação, de quais variedades usar e aceitar em momentos de avaliação das habilidades orais, de quais características podem ser aceitas ou não, e mais, o que significa geopoliticamente, na *práxis* pedagógica, privilegiar uma variedade em detrimento de outra.

Vale ressaltar a importância de haver, para a prática na sala de aula, material oral autêntico em diversos gêneros, tais como boletim meteorológico, conversa em família, narrativas diversas, programas de entrevistas, conversa de bar, instruções em aeronaves e navios, músicas, filmes — curtas e longas-metragens. É importante apresentar diversos registros de língua, variados sotaques e registros aos aprendizes da língua para que eles tenham um repertório de registros que lhes permita escolher o registro mais adequado no momento de avaliação das demais produções orais no cotidiano.

[4] À guisa de esclarecimento de termos que podem ter várias acepções, queremos explicar aqui o nosso entendimento dos termos usados pelo autor: conceituamos língua nativa como a primeira língua que uma criança aprende em seu grupo étnico-cultural para a representação do mundo; segunda língua, aquela aprendida além da língua nativa de um sujeito por conta da necessidade de sua socialização no meio sociocultural em que se encontra; e língua estrangeira, uma língua que não é a nativa de um sujeito, tampouco sua aprendizagem é essencialmente necessária para a interação social no meio em que ele vive.

Pensar uma avaliação que vá além do foco pontual, como Luckesi (1994) sugere, é avaliar pensando que a rigidez não pode fazer parte desse processo. Se fizer, incorre-se em um posicionamento geopolítico tendencioso. Desde meados do século XX, Barber (1967) já dizia aos falantes de inglês que a língua é dinâmica e que se agarrar ao conservadorismo fonético-fonológico, sintático ou lexical representa não acompanhar a evolução da língua enquanto uma prática social. Ele chama à responsabilidade professores e estudiosos da língua em um processo avaliativo, ao ressaltar que, como usuários da língua, podemos nos dar o direito de lastimar as inovações que acontecem ao longo do percurso de uso social de uma língua e até mesmo de nos recusar a adotar tais inovações em nossos enunciados; porém, como estudiosos e professores de língua, precisamos reconhecer que nosso comportamento negativo em relação às mudanças prosódicas ou lexicais é simplesmente uma amostra de um grupo de falantes em determinado ponto de seu percurso sócio-histórico. As próximas gerações talvez tomem a inovação como natural e perfeitamente "gramatical".

Para Kress (2007) as práticas discursivas se dão nos campos de poder, são arranjos convencionados em hierarquias de poder. Podemos exemplificar essas hierarquias e relações de poder manifestas na produção oral dos sujeitos ao observar as produções cinematográficas em que as variedades e os sotaques de personagens de menor prestígio são semelhantes aos que, na realidade, são registrados em grupos menos favorecidos. Mesmo entre os nativos de um mesmo país anglófono, pode haver discriminação segundo a região do país.

Por isso, ao avaliar as habilidades orais do aprendiz, o professor leve em conta o contexto sócio-histórico em que se apresenta a língua que ele ensina, os objetivos e as implicações geopolíticas da chamada "pronúncia perfeita". Talvez sejamos tão veementemente treinados em nossas pronúncias que a primeira reação, ao ouvir um alofone diferente do já cristalizado, é considerá-lo como um desvio, uma "pronúncia errada". Contudo, já em meados do século passado, os ingleses começaram a flexibilizar a aceitação de variantes de pronúncias de sons individuais e prosódias específicas, como sinalizam Halliday;

McIntosh; Strevens (1974: 236): "Uma das mais importantes modificações que se verificaram no período entre 1950 e 1960 foi a aceitação de que 'falar como um inglês' não era o único e evidente objetivo do ensino de inglês a estudantes estrangeiros". É um retrocesso buscar imitar a produção oral de um nativo de nação hegemônica. Como bem indica Kumaravadivelu (2003: 30), "uma variedade é considerada 'padrão' apenas porque é falada por aqueles que controlam os centros de poder social, político e cultural dentro de uma nação". Existe um projeto ideológico subjacente aos esforços por manter o mito do falante nativo[5], da busca pela *pronúncia sem sotaque*.

Por outro lado, como Kumaravadivelu (2008) aponta, os próprios professores não nativos de uma língua se enxergam em posição subalterna aos falantes nativos e legitimam a superioridade deles, numa aceitação acrítica da dominação, e ratificam a própria marginalização como profissionais não nativos. Essa é uma questão que precisa ser problematizada e discutida noutra ocasião. Defendo apenas que o professor prime por sua autonomia intelectual, perceba-se capaz de gerir seu próprio conhecimento e produza instrumentos de avaliação para seus propósitos pedagógicos. É hora de entender que sua prática não pressupõe seguir modelos preestabelecidos, mas teorizar sobre a língua que ensina.

Mais que avaliar as habilidades orais, ao averiguar fenômenos linguísticos observáveis, o professor precisa saber como o sistema fonológico da língua que ensina funciona para entender a produção oral de um aprendiz. Mais que avaliar o que o aprendiz produz no momento da avaliação oral, esse professor precisa avaliar se existe a possibilidade da realização fonológica em questão, porque talvez ele não tenha

[5] A partir do conceito de *competência*, de Chomsky (1986), desenvolveu-se o postulado de que o nativo de determinada língua seria o modelo a ser seguido pelos aprendizes não nativos e deteria as referências de certo e errado em termos linguísticos; estudos posteriores de ensino de línguas estrangeiras, entretanto, propuseram que o falante nativo como referência única de pronúncia e hábitos linguístico-discursivos é um mito inatingível, que serve mais para diminuir a autoestima dos falantes aprendizes do que para contribuir para a aprendizagem da língua. A busca incessante por "ser igual ao nativo" revelou-se improdutiva. Teorias contemporâneas de ensino de línguas defendem que o falante aprendiz, com suas apropriações contextuais, deve ser levado em conta como sujeito da aprendizagem da língua.

ouvido aquela variante, mas ela seja possível. Nós, brasileiros falantes maternos do português do Brasil (com todas as suas peculiaridades sintático-lexical-fonético-fonológicas), sabemos que, ao juntar os fonemas /t/ e /a/, teremos [ta], que pode variar em alofones variados de acordo com a acentuação e os traços prosódicos do enunciado em que está inserido, como nas realizações por<u>ta</u>, <u>tâ</u>mara, <u>tá</u>bua etc. Mas sabemos que jamais pronunciaremos [te] porque, como falantes competentes dessa língua, e a partir de nosso conhecimento do comportamento fonêmico da língua, podemos prever os registros fonoestilísticos possíveis e os impossíveis ao se juntarem esses dois fonemas. Por meio desse mesmo conhecimento, verificamos a sílaba representada pelos grafemas *te* sem conseguir prever com precisão sua realização, pois sabemos que os fonemas a eles associados, em combinação, podem apresentar diversos alofones. Por exemplo, a palavra TEATRO pode ser realizada de variadas formas: pode acontecer a palatalização da consoante alveolar /t/ juntamente com a redução da vogal, como na pronúncia carioca, ou a realização da consoante como dental juntamente com a vogal aberta, como na pronúncia dos soteropolitanos; ou com a vogal fechada, como paulistanos pronunciam; entre outras possíveis realizações. Portanto, o que nos rege não é uma variante única, mas o conhecimento do comportamento fonêmico da língua.

É preciso conhecer as possíveis associações grafofonêmicas da língua que se ensina. A partir desse ponto, os estudantes aprendizes da língua podem desenvolver seu senso crítico, sua percepção da geopolítica que define uma ou outra língua e pronúncia e "perceber que nossas próprias crenças e valores também são sócio-historicamente construídos" (Jordão, 2013: 82-83). O professor precisa entender que a língua é uma prática social, de natureza política, e que todas as suas manifestações são interpeladas pelas relações de poder. Desse modo, ela se manifesta em suas realizações sociais, ou seja, nos enunciados produzidos nas mais diversas manifestações culturais. Suas variantes serão mais, ou menos, valorizadas de acordo com o poder geopolítico de seus falantes. A língua, sendo prática social, encontra-se em fluxo, em estado de dinamicidade. A avaliação das habilidades orais não pode perder de vista o caráter dinâmico, fluido, prático, social e geopolítico da língua.

5. Considerações finais

Este breve texto problematiza a avaliação de habilidades orais de aprendizes de língua. A avaliação não é um ato isolado, mas precisa estar conectada aos demais elementos que constituem o processo ensino-aprendizagem. Tampouco pode a avaliação ocupar-se apenas de controle, mas de aperfeiçoar a prática docente e o desempenho discente.

As habilidades orais são apenas um lado da aprendizagem da língua, e a avaliação deve estar conectada aos objetivos formativos da aprendizagem da língua e não, isoladamente, às habilidades orais por si sós. É indispensável o avaliador pensar sobre o que é a linguagem e o que pode ser chamado de saber a língua.

Desde o século XX, o conceito de proficiente como aquele que pronuncia como um nativo já vem sendo problematizado e questionado. Além disso, o inglês tem sido usado por falantes variados em nações diversas. Hoje em dia, em muitas partes do globo terrestre, fala-se o inglês seja como língua materna, estrangeira ou como segunda língua, de modo que as transferências linguísticas são notórias em cada variedade.

Entretanto, não são os fatores linguísticos que fazem uma ou outra variedade obter prestígio. Linguagem e poder estão intricados a um ponto de não se poder separá-los. Legitimar apenas uma ou outra variedade de uma língua e ser inflexível quanto a isso tem um caráter geopolítico explícito. Há um projeto geopolítico subjacente às práticas de privilegiar registros e traços prosódicos.

A avaliação das habilidades orais na sala de aula deve enfocar a variação, a pluralidade, o uso multivocal da língua, sem se prender ao mito do falante nativo, da pronúncia perfeita e sem sotaques. Sociedades plurais onde os diferentes convivem são uma urgência para o mundo contemporâneo. E nós, professores de línguas, podemos fazer a nossa parte seja no ensino, seja na avaliação das habilidades orais.

CAPÍTULO 4

A pronúncia no ensino de línguas estrangeiras

Victor Ramos da Silva

1. Introdução

Quem de nós nunca ouviu alguém elogiando ou criticando a pronúncia de uma pessoa em determinado idioma? Muitas vezes, o comentário pode ser, inclusive, gerador do lugar-comum segundo o qual tal indivíduo tem altos níveis de proficiência exclusivamente por conta de seu desempenho oral. Por outro lado, a banalização da premissa de que o discurso na língua estrangeira alvo precisa, apenas, permitir o estabelecimento de comunicação, independentemente de detalhes estruturais internos, pode gerar significativos ruídos de comunicação, conforme apontam Lima e Ramos (Lima, 2009), bem como um prejuízo na evolução das demais habilidades do aprendiz de línguas.

A importância dada aos aspectos fonético-fonológicos e, especificamente, à pronúncia nas práticas de ensino de línguas estrangeiras tem variado de forma não linear no que se refere à concepção dos métodos, metodologias e abordagens de ensino de línguas estrangeiras ao longo da história. Essa não linearidade se dá pelos propósitos daqueles que aprendem e ensinam determinada língua estrangeira.

Se pensarmos, por exemplo, nos primórdios do ensino de línguas estrangeiras, veremos que, conforme indicam Richards e Rodgers (1999), o aprendizado de latim, por volta do século XVI, tinha total foco nas estruturas gramaticais, no conhecimento de vocabulário e em atividades de tradução. Nota-se que, dentro das práticas que compõem o método, a pronúncia não é levada em consideração, pois, em linhas gerais, objetivam-se a prática de leitura e a interpretação textual.

Do outro lado da discussão, temos o método audiolingual, fruto das necessidades de uma fala clara, acurada, objetiva e que, em hipótese alguma, permite interpretações dúbias (Da Silva, 2011). Esse método foi desenvolvido em período de guerras e ganhou investimentos para a pesquisa científica, disseminando-se com o surgimento de institutos dedicados ao ensino de idiomas e fortalecido em meados do século XX, com pesquisas que incentivavam a primazia do oral (cf. Celce-Murcia, 1996).

Um último exemplo, mais contemporâneo, é aquele em que se tratam os princípios da abordagem comunicativa, as atuais discussões acerca do pós-método (Bohn, De Lima, 2009; Spratt *et alii*, 2005; Allwright, 1991) e as implicações que as expectativas sobre o inglês como língua franca têm causado no ensino do idioma (Seidhofer, 2005).

Muitos fatores reconfiguraram a maneira como os aspectos fonéticos são vistos e ensinados: a revolução do ensino de idiomas, em meados da década de 1980, pela abordagem comunicativa através da integração de material e contextos autênticos no ensino; no início dos anos 2000, a ideia de que não haveria um método absoluto e, mais à frente, as pesquisas (Crystal; Seidhofer, 2005) segundo as quais o número de falantes não nativos de inglês revelou-se maior que o de nativos, o que estaria afetando a estrutura linguística do idioma. Todos esses fatores reconfiguraram a maneira como os aspectos fonéticos são vistos e ensinados.

Celce-Murcia (1996) indica duas maneiras de trabalhar a pronúncia:

(1) Através de uma abordagem instintivo-imitatória, em que, nas sequências didáticas, aspectos fonéticos não são previstos. O aprendiz vai adquirindo (ou não!) fluência nas habilidades linguísticas da língua estrangeira alvo. Tal abordagem é fruto dos

métodos de abordagem natural e de pesquisas das correntes cognitivistas e derivadas do método direto.

(2) Através de uma abordagem analítico-teórica, com unidades voltadas para o ensino de aspectos segmentais (diferenças entre fonemas através da análise de pares mínimos, tonicidade, acento etc.) e suprassegmentais (análise de fala corrida, prosódia etc.) do sistema fonético da língua-alvo.

Nossa proposta, no presente capítulo, é descrever, com certo nível de detalhamento, como a pronúncia foi trabalhada ao longo dos anos no contexto de cada método e abordagem. O capítulo é dividido em: análise geral dos métodos, estudo sobre a análise da pronúncia em cada um deles e, por fim, considerações sobre como aspectos relativos à pronúncia são vistos na contemporaneidade na perspectiva do pós-método.

2. Os métodos e as abordagens de ensino de línguas estrangeiras

Se considerarmos a necessidade de aprender uma língua estrangeira, comparando-a com outras áreas do conhecimento, observaremos que, ao passo que aprendemos matemática para realizar operações lógicas e talvez lidar com questões financeiras, ou aprendemos ciências para constatar fenômenos dos organismos e materiais que nos rodeiam, bem como conhecer melhor nosso corpo e cuidar de nossa saúde, aprendemos uma língua estrangeira com propósitos comunicativos e dialógicos. Não há ser humano desprovido da habilidade de comunicação. Assim como nossa língua materna — que adquirimos naturalmente e aprimoramos ao longo de nosso processo de aprendizagem formal —, o aprendizado de uma língua estrangeira acontece para compreendermos e nos fazer compreendidos por quem nos rodeia.

Richards e Rodgers (1986), por exemplo, apontam que 60% da população mundial é multilíngue e, com o processo de globalização e a aceleração das redes de contato mundial, o atual contexto global leva a crer que esse valor percentual tenha aumentado significativamente. Na contemporaneidade, não ter acesso às línguas estrangeiras de uso mais disseminado no mundo e nos contextos específicos de cada comunidade linguística é o mesmo que dominar parcialmente sua própria língua materna.

Nessa perspectiva, se faz necessário pensar na concepção de teorias fundamentadas que permitam ensinar e aprender uma língua estrangeira de forma mais concreta. É válido também observar que tais teorias servem de norte para a formulação de métodos e abordagens de ensino que, por si, filtram suas práticas em determinadas habilidades linguísticas, em detrimento de outras.

Essas habilidades se organizam em habilidades de compreensão (ou recepção) e de produção (ou criação). As habilidades de recepção compreendem especificamente as capacidades de ler e ouvir (habilidades de leitura e compreensão auditiva); já as de produção, as capacidades de falar e escrever (habilidades de expressão oral e produção escrita). Dentro das concepções pedagógicas, é comum cruzar as sub-habilidades de leitura com escrita e fala com compreensão auditiva. Aspectos fonético-fonológicos se tornam fundamentais no eixo fala e compreensão auditiva, já que entender a pronúncia do outro e fazer com que a própria pronúncia seja compreendida são importantes para a apropriação da competência comunicativo-interacional.

Nem todo método para o ensino de línguas estrangeiras trabalhará com todas as habilidades linguísticas, até mesmo porque os estudos nas áreas de educação, ensino de línguas, linguística teórica e linguística aplicada evoluem paralelamente ao processo de desenvolvimento dos princípios metodológicos para o ensino de idiomas. O início das abordagens pedagógicas para o ensino de línguas estrangeiras foi marcado por um olhar científico ainda bastante embrionário, ainda bastante inocente acerca da fenomenologia do aprendizado de um novo idioma.

Conforme aponta Germain (1993), os primeiros indícios de ensino de uma língua estrangeira datam do ano 300, quando o povo sumério invade o território ocupado pelos acádios, que tinham escrita e língua próprias. Nesse período, a aprendizagem da nova língua acontecia pelo contato e não se tem registro de que maneira e quais instrumentos foram usados para tal aprendizagem.

O primeiro método de ensino de línguas estrangeiras de que se tem registro é o "método da tradução", o "método tradicional", o "método da gramática e tradução" ou, ainda, o "método prussiano", cujos estudiosos de destaque são Karl Plotz, H. S. Ollendorf e Johann Seidensticker. O método, conforme diz seu nome, baseia-se em atividades de tradução, ensino de gramática e vocabulário, compreensão, análise e interpretação de textos literários clássicos. O escopo do método é a aquisição de conhecimento pela leitura em línguas estrangeiras.

Richards e Rodgers (1986) indicam que o método tem a primeira publicação vinculada a ele em 1845, com respeito a uma prática com evidências de realização na Grécia antiga. Tal método, de fato, é o embrião para tudo o que concerne ao ensino de línguas.

Não há preocupação no método com o aprendizado da fala estrangeira. Sua prática era "[...] limitada aos alunos lerem em voz alta as frases que tinham de traduzir" (Richards; Rodgers, 1986: 2). Seu escopo gira em torno das habilidades de produção escrita, leitura e interpretação. O modelo de linguagem ideal é aquele que se aproxima da utilizada em textos literários, logo, se espera que o aluno decodifique a língua estrangeira através do conhecimento vocabular e gramatical.

Espera-se, no método da gramática e tradução, que o aluno atinja altos níveis de qualidade em suas traduções e consiga escrever textos (redações) com a mesma qualidade dos textos literários estudados. Larsen-Freeman (2010) considera que o aluno atinge um conhecimento bastante avançado acerca dos elementos que compõem a língua estrangeira alvo, mas que é possível saber tudo acerca de algo que não se sabe exatamente o que é, ou seja, o aluno consegue atingir níveis de conhecimento significativo acerca da forma e função dos elementos linguísticos sem obter êxito no uso acurado dessas mesmas estruturas.

Ao longo do século XIX, as práticas de ensino de idiomas começam a ser analisadas com mais atenção e com olhar mais científico; assim, a necessidade oral-comunicativa leva a pensar em uma proposta que dê conta de se trabalharem tais habilidades. Em 1899, o linguista Henry Sweet publica *The Practical Study of Languages*, em que aponta orientações bastante concretas para o ensino de línguas, bem como introduz o conceito de quatro habilidades linguísticas: leitura (*reading*), escrita (*writing*), compreensão auditiva/escuta (*listening*) e prática oral/fala (*speaking*).

Nesse ínterim, as propostas de ensino começam a dar valor a um método que explore mais as habilidades linguísticas, integre vocabulário útil, crie situações de uso próximas da realidade e trabalhe apoiado em técnicas mais relacionadas ao processo de aquisição de língua materna. Em outras palavras, o ensino de língua estrangeira deveria se basear no processo natural pelo qual as crianças adquirem sua língua materna.

Como resposta às tendências, constitui-se o método direto, o trabalho direto com a língua-alvo sem a intermediação da língua materna do aprendiz. Aspectos como a fala natural, o uso de recursos visuais e a associação direta constituem o escopo metodológico.

Larsen-Freeman (2010) indica que o método funciona com a apresentação de um tema, atividade de leitura sobre o tema com correção de pronúncia, detalhamento de explicações com uso de recursos orais, físicos e visuais por parte do professor e atividades de produção. Por volta de 1920, com mais avanços em pesquisas da área, falhas começaram a ser verificadas no método direto. Uma delas é a falta de resultado para alguns alunos que apresentavam resistência às técnicas propostas e a dificuldade de explicarem determinados vocabulários considerados complexos e abstratos.

Com o passar do tempo, em meio à Segunda Guerra Mundial (1939-1945), a motivação por um processo mais rápido para aprender e a necessidade de uma linguagem mais acurada, direta e prática motivaram altos investimentos em um método que permitisse agilidade no processo de aprendizagem e resultados concretos mais explícitos. Surge assim o método audiolingual, também conhecido como método do exército.

O método audiolingual baseava-se na repetição e memorização de frases prontas. O método em questão deixou um legado importante para a área de metodologia: com o envolvimento de muitas universidades engajadas no projeto de elaboração de cursos, um grande número de material didático para o ensino de inglês foi desenvolvido.

As aulas fundamentavam-se em um livro didático. O uso do material didático foi uma das novidades que o método trouxe para o ensino de idiomas. Ele foi usado pelo exército americano por aproximadamente dois anos. Entretanto, posteriormente, despertou o interesse de especialistas em comunicação oral e fluência.

Em 1939, foi criado o primeiro instituto de língua inglesa nos Estados Unidos, na Universidade de Michigan. O foco do instituto era treinar e capacitar professores para o ensino de inglês como segundo idioma e como língua estrangeira. O diretor, Charles Fries, não concordava com o método direto. Como Richards e Rodgers (1999) mencionam, para Fries, a "estrutura" era o ponto crucial para o ensino de língua (Richards; Rodgers, 1999: 46). O método audiolingual, assim como o método direto, surgiu da necessidade de comunicação efetiva. Contudo, nessa nova perspectiva, a aprendizagem de idioma é um processo de formação de hábito. Assim, os *drills* foram incorporados ao método:

> "Os alunos repetem parte da frase, geralmente a última expressão da fala. Então, seguindo a sugestão do professor, eles ampliam o que estão repetindo gradativamente, até estarem aptos a repetirem a fala toda. O professor começa com a parte final da frase (e trabalha para trás a partir dali) para manter a entonação da fala o mais natural possível. Isso também direciona a atenção do aluno para o final da frase, onde a nova informação tipicamente acontece" (Larsen; Freeman, 2000: 48).

O *drill* tornou-se a característica marcante do método audiolingual, também chamado de método Michigan. Os *drills* estavam associados a boa parte dos conceitos chave do método: a criação de hábito, a produção e compreensão oral, a recusa ao uso da língua materna em atividades de sala de aula. O método audiolingual foi muito popular entre 1940 e 1960, especialmente no Brasil, por ser de fácil implementação e baixo custo.

Com avanços nas pesquisas das áreas de linguística cognitiva e psicologia aplicada à educação, um grupo de práticas e perspectivas para os princípios relativos ao ensino de línguas estrangeiras começa a ser formado. Tais práticas são vinculadas a um grupo de técnicas ligadas à abordagem cognitiva (*cognitive approach*), que ficou mais evidente na década de 1960 e foi fortemente motivada pelas perspectivas de Chomsky no que se refere à relação entre linguagem e mente (cf. Celce-Murcia, 1991).

Um dos primeiros métodos da corrente cognitiva foi desenvolvido por Caleb Gatttegno, conhecido como o método do silêncio (ou *silent way*). Como o próprio nome indica, o princípio mais elementar do método é o silêncio. É através dele que a língua é adquirida, e o aluno adquire confiança em usar a língua-alvo.

A aula, no método do silêncio, gira em torno de um quadro específico com retângulos coloridos. Cada retângulo representa parte de dada estrutura linguística (um sintagma, uma sílaba ou um fonema específico). A combinação entre os elementos, orquestrada pelo professor, produz unidades linguísticas, e o aluno vai desenvolvendo conceitos, sendo motivado à participação em grupo, ao aprendizado colaborativo e ao desenvolvimento de autonomia.

Paralelamente, o método de Georgi Lozanov, chamado de sugestopédia, segue os princípios da abordagem cognitiva, buscando fundamentos nos processos cognitivos humanos para práticas de ensino mais efetivas. Nesse método, busca-se construir um ambiente agradável e organizar fisicamente a sala de aula. Segundo Larsen-Freeman (2010), algumas das práticas usadas no método são: o uso das artes, principalmente da música clássica, ao longo do processo de ensino; orientações aos alunos sobre a importância de se sentirem bem durante a aula para encararem o aprendizado como um processo natural e ainda o uso da tradução pontual para a língua materna do aluno a fim de facilitar o processo.

Outra proposta que surge na época é a do aprendizado comunitário. O método do padre norte-americano Charles Arthur Curran segue o princípio de que, em grupos menores e com certo nível de afinidade, o aluno terá mais chances de desenvolvimento pleno. O método muito se aproxima dos princípios de Lev Vygotsky no que se refere aos grupos de desenvolvimento proximal e à teoria do par competente.

Em linhas gerais, o método trabalha com um equipamento chamado de "computador humano" em que, entre outras atividades, o aluno seleciona parte de um áudio para repetir. O professor aconselha ao longo do processo, mas evita correções explícitas. Os alunos cooperam para o desempenho dos colegas de classe.

Por fim, no grupo dos métodos da abordagem cognitiva, temos a abordagem física, ou *total physical response* ("resposta física total"), em que os sentidos e o corpo devem ser usados no processo de aprendizagem da língua estrangeira.

Richards e Rodgers (1986) declaram haver na abordagem física uma relação direta entre fala e ação; em outras palavras, os alunos devem estar bastante atentos aos comandos do professor (o uso do imperativo é bastante recorrente) e aos modelos por ele oferecido. Aspectos gramaticais, lexicais e fonológicos são adquiridos de forma indutiva na formação de hábitos. Contudo, os alunos só irão produzir (fala, por exemplo) quando se sentirem confortáveis.

No início da década de 1980, com base em trabalhos como o de Hymes (1972) sobre a competência comunicativa e a observação de que os aprendizes de línguas estrangeiras ainda encontravam dificuldades de comunicação em contextos autênticos não previstos nas aulas, surgem movimentos para a consolidação da abordagem comunicativa, que parte dos princípios de autenticidade e adaptação. Nesse modelo, o trabalho com textos e áudios autênticos (produzidos por nativos sem fins diretos de ensino) faz com que o aluno tenha acesso ao aprendizado da língua estrangeira alvo tal como ela é: com expressões idiomáticas, hesitações, abreviações etc.

Nas aulas da abordagem comunicativa, faz-se uso de material autêntico e criam-se situações de uso próximo aos usos linguísticos reais. Por conta do material de base, o uso de formas linguísticas diversas acontecerá, a depender do contexto de uso. O trabalho é feito para além das estruturas. O professor trabalha como facilitador, levando os alunos a compreenderem as intenções de uso e outros aspectos discursivos.

Discussões contemporâneas (Kumaravadivelu, 2006) apontam para um (não)método, ou seja, acredita-se que, atualmente, temos um ensino pautado no resultado de todas as pesquisas sobre metodologia. A atual era do pós-método integra recursos modernos e aspectos relevantes de cada método aplicados às necessidades específicas de cada grupo de aprendizes.

Apesar disso, ainda é comum observarmos, em institutos de idiomas, *designs* metodológicos apoiados nos princípios de alguma abordagem, principalmente nas do método audiovisual e da abordagem comunicativa. Por conta disso, na seção seguinte, veremos alguns pontos concernentes à pronúncia em cada um dos métodos introduzidos ao longo da presente seção. Após isso, discutiremos a questão do pós-método e do trabalho com a pronúncia numa perspectiva mais contemporânea.

3. O ensino da pronúncia nos métodos e abordagens: propostas e contextos

Apenas após o trabalho de Genry Sweet, em 1889, com a noção de que o aprendizado de línguas perpassa o uso de habilidades de recepção (leitura e compreensão auditiva) e produção (fala e escrita), é que a preocupação com a aquisição e o uso da pronúncia se tornou mais relevante, tanto para facilitar a compreensão de textos orais, quanto para o aluno se fazer compreendido em situações de fala.

Outro fator que revolucionou as práticas de pronúncia foi a fundação da Associação Internacional de Fonética e, com ela, em 1886, a criação do Alfabeto Fonético Internacional (International Phonetics Alphabet, IPA) que foi, aos poucos, sendo incorporado aos materiais didáticos, como recurso para a aquisição de novos fonemas e acuidade na pronúncia. O IPA é fortemente relacionado às práticas do método do silêncio, por exemplo.

Seguindo uma linha histórica, trataremos inicialmente do método da gramática e tradução, do método direto e dos métodos relativos à abordagem cognitivista, que, em linhas gerais, não trabalham com o ensino explícito da pronúncia nem exploram seus aspectos de forma concreta.

Se pensarmos nas práticas de ensino no início do método tradicional, ainda na Antiguidade, chegaremos à conclusão de que não há evidências concretas do ensino da pronúncia. Nem todas as línguas estudadas eram línguas realmente vivas ou acessíveis à comunidade que as estudava. Não havia recursos para a disseminação de acervos de áudio nem professores nativos, muito menos ferramentas metodológicas (como tabelas, roteiros de explicação, alfabeto fonético etc.).

Uma ilustração bastante clara disso: o latim era aprendido por uma questão de erudição, em lugares diversos, por pessoas muito distintas, falantes de diferentes línguas. Certos aspectos eram, então, incorporados à língua sem que nenhuma noção de pronúncia fosse trabalhada. A pronúncia do latim, nas atividades de leitura concernentes ao método e em outros momentos de uso da língua (como língua estrangeira), varia de forma bastante significativa e nenhuma atenção especial era dada a isso por parte de todos os seus usuários não nativos.

Com o método direto, na tentativa de aproximação da aprendizagem com o processo natural pelo qual a criança é submetida à aquisição de sua língua materna, a pronúncia não é trabalhada de forma explícita, mas explorada de forma intuitiva, conforme prevê Celce-Murcia (2011). Atividades de escuta e imitação (através de exercícios de repetição) compreendem o escopo metodológico.

Os métodos que sucedem o método direto, dentro da fase cognitivista, também não pregam o ensino explícito da pronúncia. Antes apresentam perspectivas de trabalho segundo uma abordagem intuitivo-imitativa.

Na abordagem física, a habilidade de escuta na compreensão das instruções do professor é fundamental. Para isso, o aluno busca estabelecer um vínculo lógico entre linguagem e ação, bem como a mecanização de rotas fixas de aprendizagem ao longo da aula. Esse processo permite a repetição através de exemplos, fazendo com que os alunos, ao longo das aulas, conquistem confiança no uso da língua e, junto a isso, assimilem habilidades de pronúncia, contudo, sem indicação concreta do processo de correção ou do trabalho explícito com ela.

As questões segmental e silábica são bastante marcantes no método do silêncio. A tabela com indicação de cores e retângulos em que alunos, seguindo o comando do professor (cf. Larsen-Freeman, 2010), devem fazer conexões de estruturas linguísticas, partindo de vogais, indicam um trabalho em nível fonético, mesmo que ainda bastante rudimentar. O trabalho com a pronúncia de forma explícita e organizada não aconteceu nos métodos da corrente cognitivista, mas, como temos indicado, perpassa algumas das práticas de ensino.

Nos métodos de aprendizado em comunidade e na sugestopédia, a pronúncia aparece novamente de forma indutivo-imitatória (Celce-Murcia, 2011), mas não havia correção direta de erros. Ambos os métodos não exigem o uso da língua estrangeira alvo de forma obrigatória ao longo de toda a aula.

Com a evolução dos métodos e o avanço das pesquisas na área de fonética, a pronúncia passa a ser estudada de forma sistemática por volta do século XX, com o surgimento do método audiolingual, especificamente.

O avanço dos estudos em pronúncia e fonética segmental deu-se pela primazia da fala sobre a escrita em função de necessidades específicas. As habilidades de leitura e escrita também eram importantes, mas foram postas, para os propósitos da época, em segundo lugar, já que se esperava que o aprendiz falasse o mais breve e o mais proximamente possível do nativo. Para tal tarefa, deu-se início ao trabalho com o treinamento fonético.

Piccin e Silva (2004) confirmam a teoria de que, nesse período, o ensino explícito da pronúncia e da fonética ganha destaque, com momentos específicos para o trabalho com elementos fonéticos, como pares mínimos, uso do alfabeto internacional fonético, exercícios de transcrição, gravação das produções orais dos alunos, exercícios de compreensão auditiva e prática de *drills*.

A partir do método audiolingual, avanços significativos nas práticas de ensino de idiomas acontecem, simultaneamente à evolução das teorias linguísticas (à ascensão da teoria behaviorista, por exemplo) e aos altos investimentos na construção de programas de ensino de idiomas (criação e execução de programas de ensino, elaboração de materiais didáticos, apoio e treinamento militar, em tempos de guerra, por exemplo).

A ideia de treinamento linguístico, pautada em estímulos e respostas, seguindo a proposta behaviorista, visava fazer os aprendizes se comunicarem como nativos. Falar bem e com perfeição, a fim de evitar qualquer comprometimento na mensagem, era fundamental. Estamos aqui diante do modelo de comunicação apoiado na noção de emissor > canal > receptor.

No método audiolingual, indicar uma atividade, até certo ponto, de imitação prevê o ensino da pronúncia segundo uma abordagem analítico-lógica — principalmente em etapas finais de aprendizagem. A questão da pronúncia aparece em aspectos como sílaba tônica, contraste de pares mínimos e até mesmo prosódia (no que se refere à pronúncia ascendente e descendente). O aluno só obtém sucesso quando consegue repetir, com exatidão, o que foi dito.

A questão do modelo nativo foi tão emblemática para o método audiolingual que houve um grande movimento pela contratação de professores estrangeiros por parte dos institutos responsáveis pelo oferecimento de aulas de idiomas, bem pelo desenvolvimento de programas específicos (cursos) para a redução e a neutralização de sotaque nativo em vista da aquisição "plena" do sotaque estrangeiro. Essa supervalorização da pronúncia estrangeira está ligada às crenças de superioridade de nações e culturas.

Avanços da linguística aplicada e das demais teorias linguísticas levam a questionar a eficácia do método audiolingual, principalmente no que diz respeito à primazia oral e ao treinamento da pronúncia segundo moldes nativos. Então, em meados da década de 1970, conclui-se que o nível linguístico do nativo é uma questão utópica e desnecessária.

Na década de 1980, com base nos princípios de Hymes (1972) acerca da competência linguística, a abordagem comunicativa reconstrói a noção de trabalho com pronúncia, ao estabelecer que o trabalho com qualquer unidade linguística deve partir de princípios comunicacionais. A atenção aos aspectos segmentais perde espaço diante dos aspectos suprassegmentais, especialmente a entoação.

Como aponta Celce-Murcia (2011), na abordagem comunicativa, fatores intrassegmentais passam a compor todo o escopo metodológico. O uso da prosódia com função comunicativa e da análise de intenções discursivas indica que outros fatores deveriam ser considerados no modelo de comunicação, como nacionalidade do falante, motivações, local e, acima de tudo, o contexto discursivo.

Na construção do *design* metodológico, Kumaravadivelu (2006) prevê que as atividades comunicativas conduzam os aprendizes ao uso autêntico da língua e que seus elementos sejam aprendidos através das funções de uso em situações contextualizadas. O trabalho do professor é facilitar as pontes comunicativas. O nativo não é mais tido como modelo a ser seguido, e sim como mais um indivíduo que faz uso da língua-alvo.

4. A pronúncia e os métodos de ensino de língua estrangeira na era do pós-método e da língua franca

A noção de inglês como língua franca, conforme aponta Seidlhofer (2005), tem repercussão no que é proposto por Crystal (2002 *apud* Seidlhofer, 2005), na obra *English as a Global Language*, em que se abordam as enormes proporções que o idioma inglês tomou no panorama mundial e como isso repercute em seu ensino. Seidlhofer considera uma língua como franca quando ela é instrumento de comunicação entre falantes não nativos que não compartilham a mesma língua materna. Se o número de falantes não nativos é maior que o de nativos, sem dúvida, essa língua sofrerá transferências linguísticas (principalmente no campo fonético) e adequações de uso.

Como nosso objeto de análise é o ensino de línguas estrangeiras modernas, é perfeitamente cabível observar que o fenômeno de globalização de um idioma não se restringe ao inglês. Sempre que uma língua é falada por mais de uma comunidade linguística, a variação dialetal será eminente. No caso do inglês, Seidlhofer (2005) caracteriza alguns aspectos da língua que causam dificuldade para falantes não nativos, como é o caso, por exemplo, da pronúncia dos diferentes sons relativos ao *th-*.

A lógica do ensino de uma língua estrangeira como língua internacional é a de que o princípio mais elementar de comunicação aconteça entre falantes de línguas diferentes no uso do idioma estrangeiro. O sotaque e o ritmo da língua materna, por exemplo, desde que não comprometam a comunicação, não devem ser combatidos, pois integram a identidade e a cultura do falante. Por outro lado, Lima (2009: 69), baseada em Avery e Ehrilich (1992), indica que não ensinamos mais a pronúncia para a redução de sotaque, mas ignorá-la totalmente comprometeria significativamente o trabalho com os alunos de línguas estrangeiras.

Todas essas questões e as evoluções nas tendências e princípios educacionais fizeram com que a pedagogia do pós-método fosse introduzida. Barbosa (2010) indica que, após tantos métodos e abordagens para o ensino de idiomas, chegou-se à conclusão de que não seria possível garantir o aprendizado efetivo de uma língua estrangeira apenas pelos princípios de um método. Logo, a proposta praticada na era do pós-método é a de que a identidade do educando seja preservada, de que sua competência comunicativa seja aprimorada e de que um espaço de respeito às diferenças seja criado.

Spratt *et alii* (2005), em material voltado para a formação metodológica de professores de língua inglesa (mas com conceitos aplicáveis a todos os demais profissionais de ensino de línguas estrangeiras), definem algumas práticas e princípios para a era do pós-método. Não há referência direta ao termo na obra, mas os autores defendem que as atuais práticas de ensino integram diversas metodologias. Em linhas gerais, eles apontam que os aprendizes devem ter contato com áudios, tanto autênticos (produzidos em ambiente real sem fins educativos), quanto formulados para fins didáticos. Segundo eles, tal processo favorece a percepção de diferentes sons e ritmos dentro de um vocabulário e também a percepção de aspectos suprassegmentais, como fala corrida, sotaque e prosódia.

A grande questão relativa às práticas de ensino da pronúncia na contemporaneidade é a pragmática: dar sentido ao que é dito e compreender as intenções discursivas do interlocutor. Barbosa (2010) indica que o trabalho com a pragmática nos permite ir para além da inteligibilidade, para um ponto no qual a identidade e a cultura do novo falante devem ser consideradas.

Nas atuais práticas de ensino, saímos da questão de acerto ou erro, baseada em um padrão nativo estereotipado, e passamos a analisar a aceitabilidade (Seidlhofer, 2005). A noção de língua franca mudou muito o modo como vemos determinadas realizações linguísticas e como elas devem ser avaliadas.

Hoje, nas práticas de ensino de pronúncia, trabalhamos com um modelo muito próximo ao da abordagem comunicativa, nos princípios de Hymes (1972), buscamos a formação discursiva contextualizada, mas acrescentamos a ela a necessidade de uma prática discursiva crítica e a noção de que as macroestruturas sociais afetam a sala de aula de idiomas.

Kumaravadivelu (2006) acrescenta que continuaremos a explorar e a aplicar o modelo da abordagem comunicativa com adaptações significativas na era do pós-método. É importante considerar, por exemplo, que o ensino de uma língua estrangeira cruza o sistema da língua materna já estabelecida e as estratégias, como o uso de palavras cognatas, que facilitam os processos de ensino e aprendizagem.

Em âmbito prático, as técnicas de ensino da pronúncia e seu tratamento na contemporaneidade dizem respeito à constante negociação de significado e à preocupação com as unidades discursivas significativas sobrepondo-se à forma. Pensamos em uma fonética que busque a inteligibilidade e não mais o estabelecimento de padrões normativos rígidos. As atividades giram em torno da conquista de autonomia no processo de compreensão através da análise de áudios autênticos para fins didáticos, diferenciação de fonemas que possam causar comprometimento de significado (estudados no parâmetro do par mínimo). O trabalho com a prosódia e conceitos práticos da pragmática se sobrepõem à prática do *imitacionismo* e à busca inalcançável do padrão nativo, que tanto frustrou e desmotivou aprendizes ao longo dos anos.

A pedagogia do pós-método, conforme aponta Kumaravadivelu (2010), lida com o senso de plausibilidade por parte do professor, que deve ter teorias próprias, articuladas com as de base, postas em prática. A identidade do aluno — bem como suas peculiaridades culturais — deve ser levada em consideração e o respeito às diferenças deve ser estimulado.

5. Comentários finais

O ensino de línguas estrangeiras evoluiu de forma bastante significativa. Já o da pronúncia não evoluiu na mesma proporção. Na transição entre métodos, houve ranços e avanços. O tratamento da pronúncia nas diversas abordagens de ensino variou conforme os propósitos e as concepções de cada método, mas nos deixou um legado bastante significativo, entre técnicas e atividades.

Ainda precisamos evoluir em muitos aspectos. Um deles seria a discriminação por parte daqueles que ainda insistem na crença de que há um método soberano a ser seguido pelos aprendizes de uma língua estrangeira, profissionais estagnados em um modelo de formação estruturalista, que não levam em consideração a identidade e a cultura dos alunos.

O tratamento da pronúncia começa a ganhar espaço no século XIX, com a concepção de habilidade linguística (fala, escrita, leitura e compreensão auditiva) e a consolidação do alfabeto fonético e da Associação Internacional de Fonética.

A grande virada no tratamento da pronúncia aconteceu com o método audiolingual. O treinamento fonético característico do método, a elaboração de manuais e atividades de repetição, construção e desconstrução de elementos linguísticos permitiram avanços significativos. Atualmente, as práticas da abordagem pós-metodológica integram e atualizam o modo como a pronúncia tem sido vista e tratada na contemporaneidade.

CAPÍTULO 5

O ensino explícito da pronúncia

Ronaldo Lima Jr.

1. Introdução

De modo geral, quem decide aprender uma língua estrangeira (L2)[1] tem a expectativa de adquirir competência e fluência oral na nova língua. Esse foco na oralidade reside até mesmo na pergunta que se faz para saber se alguém tem o domínio de uma língua adicional: "você **fala** ___?". Quando alguém pergunta se uma pessoa **fala** determinada L2, ela possivelmente quer saber se a pessoa tem domínio completo da língua. O mesmo acontece em outras línguas, veja: *Do you speak ___?, Parlez-vous ___?, ¿Hablas ___?, Sprechen Sie ___?, Lei parla ___?.*

A etapa mais basal para o desenvolvimento da oralidade de uma L2 é a aquisição de sua pronúncia (Pennington, 1996). Apesar de seu papel crucial para a comunicação, a instrução fonético-fonológica nem sempre foi incluída nos métodos de ensino de língua estrangeira. Atualmente, o ensino da pronúncia parece ser um aspecto constante no ensino comunicativo de línguas (Celce-Murcia; Brinton;

[1] Neste capítulo, usarei L2 como termo genérico sem distinguir língua estrangeira e segunda língua.

Goodwin, 1996; Seow, 2002), um item constante na maioria dos livros didáticos e em materiais de formação de professores. Mesmo assim, a pronúncia continua sendo uma área constantemente negligenciada por professores de línguas estrangeiras (Celce-Murcia; Brinton; Goodwin, 2010; Kelly, 2006; Morley, 1994; Munro, Derwing, 2015; Levis, 2018). Um dos motivos pode ser a falta de confiança por parte dos professores em trabalhar com os sons da L2 (Silveira, 2004; 2016). Outro motivo pode ser a crença do professor de que o ensino da pronúncia tem pouco efeito observável e que, por isso, o tempo em sala de aula pode ser mais bem utilizado para trabalhar outros aspectos (Yule; Macdonald, 1994).

Além disso, mesmo reconhecendo os benefícios do ensino da pronúncia, muitos professores, ao se depararem com uma carga horária pequena ou muito conteúdo a ser ministrado antes da prova, normalmente enfatizam a gramática e o vocabulário e acabam passando por cima das seções de pronúncia do material didático (Silveira, 2004; 2016; Yule; Macdonald, 1994). Outro motivo é a falta de atividades específicas para a L1 nos livros didáticos, que, na maioria das vezes, são produzidos para o público internacional e não para alunos de uma L1 específica (Lima Jr., 2010; Silveira, 2004; Silveira, 2016). Como exemplo, alguns livros de inglês-L2 incluem atividades de pronúncia contrastando [b] e [v], como em *ban* e *van*, ou [ɽ] e [l], como em *rate* e *late*, que não impõem nenhum tipo de dificuldade ao aluno brasileiro luso-falante, mas sim a alunos falantes de espanhol e de japonês, respectivamente.

Já que as crenças dos professores de línguas sobre o processo de ensino e aprendizagem influenciam as suas práticas pedagógicas, como a escolha do que trabalhar e do que ignorar em sala de aula, este capítulo tem como objetivo principal mostrar a importância do ensino explícito da pronúncia de línguas estrangeiras para o desenvolvimento da oralidade, e, consequentemente, da competência comunicativa em uma L2.

2. Conhecimento explícito

A discussão sobre os efeitos do ensino explícito como um todo, não apenas de pronúncia, parte do posicionamento acerca do papel do conhecimento explícito em relação ao conhecimento implícito. O conhecimento implícito, ou processual — o conhecimento do como — é necessário para a automatização de uma ação, no nosso caso, falar uma língua estrangeira. Há, entretanto, diferentes posicionamentos acerca do conhecimento explícito, ou declarativo, isto é, do conhecimento do que pode tornar-se implícito e automático.

O posicionamento mais radical é o proposto por Krashen (1982), para quem o conhecimento explícito não é utilizado na comunicação. Em sua separação entre adquirir e aprender, Krashen afirma: "A aprendizagem tem apenas uma função, a de monitor, ou editor" (Krashen, 1982: 15). Para ele, o conhecimento explícito serve apenas para ajudar o falante quando ele tem tempo para pensar sobre a língua ou reparar algum erro percebido pelo falante.

Por não admitir a permeabilidade entre o conhecimento explícito e o implícito, ou o conhecimento adquirido e o conhecimento aprendido, o posicionamento de Krashen ficou conhecido como o de *não interface*. Seu posicionamento sofreu muitas críticas (Ellis, 2008b; Gass; Selinker, 2008; McLaughlin, 1989; Pica, 1997, 2005; Swain, 1985, 1995, 2005), principalmente por não se tratar de algo testável pela natureza de seus construtos, mas também por desacreditar o trabalho de ensino de línguas estrangeiras em países onde a L2 não é falada e onde todo o processo de desenvolvimento linguístico se dá em salas de aula. Um posicionamento similar, porém menos radical, é tomado por Prabhu (1987; 1999). Para ele, a aprendizagem da gramática quando o aluno está focado na comunicação é mais eficiente do que quando o foco está na forma. Por ser menos radical do que a de Krashen, essa posição de Prabhu é chamada por Ellis (2008b) de *interface zero*.

O posicionamento completamente oposto ao de *não interface* ou *interface zero* é o de *interface forte*, ou *interface total*. Apesar do nome, esse posicionamento não é radical, pois parte do pressuposto de que a maior parte do conhecimento implícito permanecerá implícito e a maior parte do conhecimento explícito permanecerá explícito. O que muda é que esse posicionamento admite a possibilidade de total permeabilidade entre os dois tipos de conhecimento, ou seja, qualquer conhecimento implícito pode virar explícito e vice-versa:

> O conhecimento explicitamente aprendido pode tornar-se implícito no sentido de que os aprendizes podem perder a consciência das estruturas com o tempo e se tornarem conscientes de estruturas do conhecimento implícito ao tentarem acessá-lo, por exemplo, ao aplicá-lo a um novo contexto ou transmiti-lo verbalmente a outra pessoa (Dekeyser, 2003: 315).

Dekeyser (2003) faz uma resenha de catorze estudos que comparam a aprendizagem de L2 exclusivamente explícita à exclusivamente implícita, apontando vantagem para a primeira.

Por último, há a visão de *interface fraca*, que tem como pressuposto a natureza predominantemente implícita da aquisição de L2, sem excluir a possibilidade de aquisição proveniente do conhecimento explícito. O primeiro modelo a adotar essa postura foi possivelmente o modelo teórico de aprendizagem de segunda língua, de Bialystok (1978), cuja maior diferença, comparado ao modelo de Krashen (1982), é justamente a interação entre os dois tipos de conhecimento, o explícito e o implícito. Para Bialystok, ao contrário de Krashen, o conhecimento explícito (aprendido) pode se converter em implícito (adquirido).

A posição de interface fraca está fortemente associada à perspectiva de ensino com *foco na forma* (Doughty, 2003; Ellis, 2008a, 2001, 2008c; Long, 2006; Robinson, 2003; Williams, 2001, 2005). Segundo essa perspectiva, a instrução explícita ajuda os aprendizes a *perceberem* as relações entre as formas e significados da L2, dificilmente perceptíveis sem o foco na forma.

Ellis (2001, 2008b, 2008c), por exemplo, destaca que aprendizes com o conhecimento explícito de algum aspecto da L2 têm mais chances de reconhecerem esse aspecto no *input*. Consequentemente, o processo comparativo entre elementos presentes no *input* e nos elementos presentes na interlíngua, é facilitado.

Com essas diferentes propostas de interface entre o conhecimento explícito e o implícito trabalhando intensamente na década de 1980, foram feitos muitos os estudos para verificar a eficácia da instrução explícita. Logo no início da década de 1980, Long (1983) apresentou uma resenha de onze estudos sobre o efeito da instrução explícita e sua conclusão foi a de que "existem provas consideráveis indicando que a instrução de L2 faz toda a diferença" (Long, 1983: 374).

Em seguida, Norris e Ortega (2000) conduziram uma meta-análise de pesquisas realizadas até então sobre o ensino explícito. Dos 250 estudos encontrados, 49 tinham dados suficientes para a meta-análise. As conclusões indicam que "a instrução focada na L2 resulta em amplos ganhos orientados para o objetivo, que os tipos explícitos de instrução são mais efetivos do que os tipos implícitos" e que "descobertas adicionais sugerem que a efetividade da instrução de L2 é durável" (Norris; Ortega, 2000: 417).

Como já pôde ser depreendido, um capítulo cujo tema é o ensino explícito da pronúncia certamente refuta o posicionamento de *não interface*, pois ele desacredita o ensino de línguas praticado no Brasil, que recorre à instrução explícita em sala de aula. As experiências do dia a dia de professores de línguas, bem como as pesquisas específicas sobre o ensino explícito da pronúncia, que serão apresentadas na seção seguinte, são prova da permeabilidade entre o conhecimento explícito e o implícito. É possível que o conhecimento explícito adquirido em sala de aula, principalmente por meio de atividade significativas e comunicativas, automatize-se e torne-se conhecimento implícito, de uso da L2, como proposto pela *interface forte*. É possível também que o ensino explícito auxilie os aprendizes a perceberem os pontos focais da L2 no *input* em suas interações, como defendido pela *interface fraca*.

3. A instrução explícita da pronúncia

São diversos os estudos sobre o efeito do ensino explícito da pronúncia, a começar pelo estudo seminal de Neufeld (1978), em que até mesmo aprendizes adultos foram considerados falantes nativos por um painel de juízes após treinamento explícito de pronúncia. Dos vinte adultos anglófonos que receberam dezoito horas de instrução intensiva para a pronúncia de chinês e japonês, quinze foram classificados como falantes nativos. Há limitações metodológicas na pesquisa de Neufeld, principalmente pelo tipo de material dado ao painel de juízes para julgamento. Mesmo assim, seu estudo cumpre o papel de mostrar que há grande potencial no ensino explícito e intensivo de pronúncia.

Em Bongaerts (1999), há o relato de três estudos demonstrando o efeito do ensino exclusivo de sala de aula para aquisição fonológica excepcional. No primeiro (Bongaerts; Planken; Schils, 1995), falantes nativos de inglês e aprendizes holandeses de inglês-L2 que haviam estudado a L2 exclusivamente em salas de aula foram gravados realizando quatro tarefas diferentes, tanto controladas como espontâneas. Suas gravações foram apresentadas a um painel de falantes nativos de inglês, que não conseguiram distinguir os falantes nativos dos dez aprendizes em estágio mais avançado de aprendizagem (de um total de 22 aprendizes participantes).

O segundo estudo (Bongaerts *et al.*, 1997) teve por objetivo conferir maior rigor metodológico à pesquisa, controlando a variedade do inglês falado pelo grupo controle e pelo painel de juízes. O resultado foi o mesmo. O terceiro estudo (Palmen; Bongaerts; Schils, 1997) buscou replicar a pesquisa com aprendizes de uma L2 tipologicamente mais distante da L1. Foram investigados falantes nativos de holandês aprendendo francês-L2 e, mais uma vez, os aprendizes avançados foram confundidos com falantes nativos pelos juízes.

Há exemplos de estudos sobre o ensino explícito da pronúncia no Brasil. Lima Jr. (2010), por exemplo, investigou se quinze minutos de aula de pronúncia por semana, ministrados nas próprias aulas de inglês-L2, teriam algum efeito para dezessete alunos adolescentes (11-13 anos) estudando o 3º semestre de seus cursos. O pré-teste, as aulas, o pós-teste imediato (logo após o semestre) e o pós-teste *a posteriori* (onze meses após o término das intervenções) enfatizaram alguns dos erros mais comuns para aprendizes brasileiros de inglês, tais como os contrastes [iː ɪ], [ɛ æ] e [uː ʊ], a pronúncia das consoantes [θ], [ð] e [ɫ], as pronúncias do sufixo *-ed*, entre outros. Houve como grupo controle uma turma da mesma faixa etária e mesmo nível que teve apenas suas aulas regulares.

Ressalta-se que, das 58 horas de instrução que os alunos tiveram naquele semestre letivo, apenas quatro foram dedicadas às aulas de intervenção (quinze minutos semanais), ou seja, menos de 7% do total. Mesmo assim, os resultados demonstraram um efeito significativo do ensino explícito, tanto no efeito imediato quanto no duradouro. As médias de acerto do grupo experimental e do grupo controle, que no pré-teste foram similares ($M = 44\%$, $DP = 6$ e $M = 43\%$, $DP = 5$, respectivamente, com $t(26) = 0.46$, $p = 0.6$), ficaram bastante distantes no pós-teste imediato, com $M = 56\%$, $DP = 6$ para o grupo experimental e $M = 46\%$, $DP = 13$ para o grupo controle. Um teste-t não pareado entre os pós-testes dos dois grupos revelou diferença estatisticamente significativa, com $t(26) = 2.21$, $p = 0.03$. Um teste-t dependente para os resultados do pré-teste e pós-teste do grupo experimental também se mostrou significativo, com $t(16) = 4.48$, $p < 0.001$. O pós-teste *a posteriori* revelou que o efeito das intervenções foi duradouro, mesmo após onze meses das aulas específicas de pronúncia.

Os alunos apresentaram desempenho melhor não apenas nos sons ensinados, mas também em outros sons testados, porém não ensinados. Isso sugere que o ensino explícito tem efeito não apenas direto, mas também na generalização, pois a conscientização da fonologia da L2 abre a mente (e os ouvidos) dos alunos para as novas possibilidades fonológicas da L2.

Ainda sobre a produção, Alves e Magro (2011) investigaram como o ensino explícito poderia auxiliar alunos brasileiros de inglês-L2 no desenvolvimento da aspiração da oclusiva [p] em início de palavra. Em inglês, as oclusivas surdas em início de sílabas tônicas têm uma aspiração maior do que em português, fenômeno que constitui uma dificuldade para alunos brasileiros, principalmente por sua distinção sutil. Contudo, usar o padrão de oclusivas surdas do português pode levar à produção de oclusivas sonoras do inglês. Os resultados mostraram que a instrução explícita contribuiu para um aumento do valor do *Voice Onset Time* (VOT – correlato acústico da aspiração) dos alunos.

No campo da percepção, Perozzo (2013) pesquisou o efeito do ensino explícito na percepção de oclusivas surdas sem soltura audível em coda do inglês por aprendizes brasileiros. Participaram da pesquisa alunos de graduação em inglês, que foram submetidos a um teste de identificação perceptual e a um teste de discriminação categórica. Os resultados mostram: os alunos que tiveram instrução explícita sobre o fenômeno das oclusivas sem soltura em final de palavras em inglês tiveram melhores resultados nos testes do que os alunos do grupo controle.

No nível suprassegmental, Brawerman-Albini (2012) investigou os efeitos de treinamento de percepção no desenvolvimento do padrão acentual pré-proparoxítono do inglês por aprendizes brasileiros. Um total de vinte alunos participou de cinco sessões de treinamento perceptual e suas habilidades de percepção e produção desse padrão acentual foram comparadas com dez alunos componentes do grupo controle. Os resultados mostram desenvolvimento tanto da percepção quanto da produção de pré-proparoxítonas maior para o grupo experimental, e os efeitos da produção foram generalizados para novas palavras e retidos pelo período analisado.

Os estudos resenhados mostram que o ensino explícito da pronúncia, mesmo em pequena quantidade, pode ter um grande efeito no desenvolvimento da produção e da percepção em L2, principalmente se direcionados a dificuldades específicas dos alunos.

4. Modelo e objetivo no ensino da pronúncia

Este capítulo tem buscado mostrar a importância do ensino explícito da pronúncia. Por isso, uma pergunta natural neste ponto seria: "O que devemos ensinar e como?". O "como" está detalhadamente tratado no capítulo 9 deste volume (Pinho; Rodrigues; Cabral), com diversas sugestões de atividades. "O que ensinar" não caberia neste capítulo de maneira exaustiva, porém deixo ao leitor um lembrete e uma pequena discussão:

Devemos incluir no ensino explícito da pronúncia tanto aspectos segmentais (vogais e consoantes individuais), quanto aspectos prosódicos (acentuação, ritmo, entoação) e dificuldades de pronúncia advindas das relações grafofonêmicas, ou seja, das relações grafema-fonema na L2 diferentes dos da L1. Ao contrário do que apregoava a hipótese da análise contrastiva (Lado, 1957), as maiores dificuldades não vêm dos aspectos fonológicos da L2 diferentes dos da L1, e sim dos que são distintos, porém muito próximos (Flege, 1995; 1999).

A discussão, por sua vez, ainda deve se referir ao modelo da pronúncia ao qual devemos expor os alunos e ao objetivo dos alunos com relação à pronúncia da L2. Na maioria das línguas estrangeiras ensinadas no Brasil, há mais de uma variedade que poderia ser ensinada aos alunos. Tradicionalmente, fala-se do inglês americano e do britânico, do espanhol peninsular e do latino-americano, do francês europeu e do canadense etc. As editoras de material didático normalmente seguem em seus materiais uma dessas variedades tradicionais como modelo. Contudo, o problema começa justamente na variedade adotada.

Se usarmos o português-L2 como exemplo, encontraremos materiais didáticos divididos entre o português brasileiro e o português europeu. Contudo, essa classificação é muito reducionista, pois qual português é o brasileiro? O português carioca, o paulista, o gaúcho, o pernambucano, o paraense...? Há tantas variedades regionais que é impossível chamar uma delas de "o" português brasileiro. O que as editoras acabam fazendo é escolher uma variedade "neutra", aquela utilizada pelos âncoras de jornais das grandes emissoras, que, na verdade, utilizam um sotaque "fantasma", tanto em níveis segmentais como prosódicos, existente apenas na/para a mídia. O mesmo acontece com as outras línguas.

A diversidade de dialetos do inglês dentro do próprio território da Inglaterra ou dos Estados Unidos é tão grande que é impossível falar em um inglês americano ou em um inglês britânico, isso sem contar com as tantas outras variedades nativas de inglês, como a australiano, a neozelandesa, a sul-africana, a indiano, a caribenha, a canadense etc. Da mesma forma, "o espanhol latino-americano" é um reducionismo injusto diante da riqueza de dialetos na América do Sul e no restante das Américas.

O professor de línguas deve expor os alunos ao máximo de variedades possíveis, justamente o que o livro didático deveria fazer. É muito frustrante para um aluno de inglês estudar vários semestres com material dito do inglês americano e não conseguir assistir a um programa de TV ou se comunicar com um falante de outro país. A fim de ajudar o aluno a ampliar a sua habilidade de **compreensão**, o professor deve promover sua exposição ao máximo de variedades. Com o fácil acesso a mídias em áudio e vídeo por meio das tecnologias digitais, basta buscar e selecionar o conteúdo e ensinar e motivar os alunos a buscarem conteúdo variado também.

Com relação ao modelo para a **produção**, a sugestão não pode ser a mesma. Apesar de haver vários dialetos nativos do inglês, do espanhol, do francês, do italiano, do português etc., cada falante nativo usa apenas o seu próprio dialeto. Um falante que misturasse dialetos diversos soaria inconsistente e, dependendo da quantidade e grau da mistura, poderia até mesmo se tornar incompreensível. Portanto, para a produção, é necessário ter um modelo geral como norteador, a variedade "fantasma" proposta pelo material didático, por exemplo.

No fim, a variedade que o aprendiz terá será colorida pelo sotaque de sua L1. Alunos brasileiros de inglês, espanhol e francês, por exemplo, falarão inglês brasileiro, espanhol brasileiro e francês brasileiro. Isso não é um problema, contanto que eles alcancem um nível de alta **inteligibilidade** (o quanto os demais ouvintes compreendem do aprendiz) e de **compreensibilidade** (com quanto esforço um ouvinte consegue compreender o aprendiz).

Um alto nível de inteligibilidade, mesmo com sotaque da L1, deve ser o objetivo dos aprendizes de L2 (Derwing; Munro, 1997, 2005; Pennington, 1996), e o professor de línguas deve ajudá-los a estabelecer esse objetivo. Muitos aprendizes podem entrar em seus cursos de L2 com o objetivo, por vezes até subconsciente, de se tornarem ou serem confundidos com um falante nativo. Esse objetivo, contudo, é irrealista para a maioria dos que aprendem a L2 exclusivamente em sala de aula, para não dizer desnecessário.

Primeiramente, esse objetivo é irrealista porque, uma vez que a aprendizagem de línguas é um sistema dinâmico (Beckner *et al.*, 2009; De Bot, 2008; De Bot; Lowie; Verspoor, 2007; Larsen-Freeman, 1997; Lima Jr., 2013), ela é um processo sem fim, em constante desenvolvimento, podendo mover-se em direção a estados de atração tais como um alto nível de proficiência, fluência e inteligibilidade, sempre pondo em xeque a própria noção de *falante nativo* (Davies, 2008).

Em segundo lugar, buscar falar como um falante nativo é um objetivo desnecessário, pois nem mesmo os falantes nativos são homogêneos em suas línguas, principalmente por causa das variedades regionais e dialetais já exemplificadas e também por suas características idiossincráticas. Mesmo assim, os falantes nativos são mutuamente inteligíveis em suas especificidades. Esse sim deve ser o objetivo dos aprendizes de L2: serem inteligíveis.

É papel do professor de línguas ajudar seus alunos a estabelecerem como meta realista muita inteligibilidade e compreensibilidade. É papel também do professor ajudar os alunos a alcançarem esse objetivo, e o ensino explícito da pronúncia pode ajudar muito nessa empreitada.

5. Conclusão

Este capítulo teve como objetivo principal mostrar a importância do ensino explícito da pronúncia de línguas estrangeiras para o desenvolvimento da oralidade e, consequentemente, da competência comunicativa em uma L2.

Para tanto, foram exploradas as premissas teóricas acerca da permeabilidade entre o conhecimento explícito (declarativo) e o conhecimento implícito (processual), com a conclusão de que há evidências suficientes a favor da posição metodológica segundo a qual o conhecimento explícito pode ser automatizado por meio da prática até tornar-se implícito, de uso.

Além disso, foram resenhadas pesquisas sobre o efeito da instrução explícita, com foco na instrução fonético-fonológica. Tanto estudos de produção quanto de percepção, tanto em níveis segmentais como prosódicos, mostraram que a instrução explícita tem muitos efeitos positivos no desenvolvimento da pronúncia do aprendiz de L2.

Por último, a discussão acerca do modelo dialetal a ser utilizado pelo professor de línguas e da meta dos alunos de línguas levou à sugestão de expor os alunos à maior quantidade de variedades da L2 possível para aprimorar sua percepção da L2 e de ajudá-los a estabelecer como objetivo de aprendizagem um alto nível de inteligibilidade e compreensibilidade, sem necessariamente esconder seus sotaques brasileiros.

CAPÍTULO 6

Análise do tratamento da pronúncia em materiais didáticos

Carine Haupt
Neliane Raquel Macedo Aquino

1. Introdução

A proposta deste capítulo é apresentar e discutir atividades relacionadas ao ensino de pronúncia dos livros didáticos de línguas estrangeiras. Embora o objeto de discussão seja um recorte, pretendemos pensá-lo inserido numa abordagem de ensino e aprendizagem em que se considerem a complexidade e a dinamicidade da língua e da sala de aula.

Consideramos a língua um sistema complexo (Cameron; Larsen-Freeman, 2007) no qual interagem diversos subsistemas, entre eles o fonético-fonológico. Nosso objetivo é, além de verificar qual a concepção de língua subjacente à proposta de atividades dos livros didáticos, trazer ao professor de línguas estrangeiras subsídios para avaliar o material que tem em mãos e fazer as adaptações pertinentes à realidade de seus alunos, sem perder de vista a complexidade da língua e de seu ensino (Morin, 2005).

Dessa maneira, trazemos o aporte teórico dos sistemas complexos dinâmicos para pensar a realidade da sala de aula de línguas. Segundo Paiva (2014), sistemas dinâmicos são sistemas em constante evolução. Pensar o ensino e a aprendizagem nessa perspectiva é considerar as mudanças que naturalmente ocorrem durante o fenômeno, de acordo com as relações formadas no contexto específico e considerando as diversas influências do sistema. Aqui, a língua materna é vista como elemento influenciador na aprendizagem da língua estrangeira. Por isso, também deve ser levada em consideração na análise.

Na primeira busca feita nos livros didáticos, muitos deles não apresentavam nenhuma atividade relacionada diretamente à pronúncia. Restringimo-nos, então, àqueles que continham alguma proposta. Como opção metodológica, dividimos os materiais em dois grupos: os produzidos no Brasil, usados predominantemente em escolas da rede pública, e aqueles produzidos fora do país, normalmente usados em cursinhos, escolas particulares e cursos superiores de línguas. Essa divisão nos permite analisar as relações feitas com a língua materna, uma vez que ela pode interferir na pronúncia da língua estrangeira por transferência tanto de padrões fonológicos quanto grafêmicos (Cabañero; Alves, 2008).

A apresentação dos resultados e as discussões serão feitas em diferentes seções. Na primeira, discutiremos a abordagem teórica que norteará o nosso olhar sobre as atividades de pronúncia — a teoria de sistemas complexos, ou dos sistemas complexos dinâmicos adaptativos. Em seguida, apresentaremos a descrição das atividades encontradas nos livros didáticos, dividindo-a em duas partes, conforme os dois grupos preestabelecidos. Por fim, discutiremos os dados encontrados à luz da abordagem teórica da complexidade. Com essa discussão, esperamos contribuir com o fazer pedagógico dos professores de línguas estrangeiras.

2. Teoria dos sistemas complexos

A teoria dos sistemas complexos se concentra em entender o desenvolvimento de um sistema complexo, ou seja, de um sistema aparentemente aleatório no qual é possível detectar padrões ao longo do tempo. Essa teoria se relaciona com a chamada "ciência do caos". Segundo Paiva (2014: 141), "o postulado básico da teoria do caos é o de que existe uma ordem subjacente à aparente desordem".

> Os sistemas complexos são **dinâmicos** porque mudam com o tempo e **complexos** porque os elementos que os compõem estão sempre em interação e é dessa interação que emergem os comportamentos do sistema. (...) são **não lineares** porque os efeitos não são necessariamente proporcionais às causas. (...) são também **caóticos** porque passam por períodos de instabilidade, de aleatoriedade, **imprevisíveis**. (...) são **sensíveis às condições iniciais** porque pequenas mudanças nas condições iniciais podem gerar consequências inesperadas. (...) são **abertos** e recebem energia do ambiente. (...) são **auto-organizáveis** porque a ordem surge espontaneamente a partir da desordem. (...) são **adaptativos** devido (...) a sua capacidade de auto-organização, de aprender ou de se modificar (Paiva, 2014: 142-143; destaques da autora) .

Para Paiva (2005), pensar o fenômeno da linguagem nessa perspectiva é percebê-lo composto por sistemas complexos, não lineares, sujeitos a atratores, passíveis de adaptações segundo sua auto-organização. Somado a isso, Paiva (2011 *apud* 2014: 144) conceitua a língua/linguagem como um "sistema dinâmico não linear e adaptativo, composto por uma interconexão de elementos bio-cognitivo-sócio-histórico-culturais e políticos que nos permitem pensar e agir na sociedade". Além disso, a língua/linguagem reúne diferentes subsistemas: fonético-fonológico, morfológico, lexical, sintático, semântico, pragmático (Paiva, 2014; Lima Jr., 2013). Kretzschmar (2010) e Paiva (2014) lembram, ainda, que esses sistemas são, por definição, abertos e não estão em equilíbrio.

Podemos compreender a língua como fenômeno complexo, composto por diversos sistemas interatuantes entre si, em constante desenvolvimento e alteração. Essas alterações, apesar de parecerem aleatórias, resultam do contexto de interação desses diferentes sistemas ao longo do tempo. Por isso, quando analisamos a língua, alguns padrões desse contexto podem ser demonstrados.

Em se tratando de aquisição de linguagem, a teoria dos sistemas complexos nos auxilia a entender como duas ou mais línguas interagem durante o fenômeno de aprendizagem; e isso nos permite analisar algumas características desses sistemas. Por se tratar de um sistema complexo aberto, é possível considerar que, principalmente em fase inicial, um sistema pode sofrer influências, causando alterações, a depender do que ocorre no contexto de interação. Daí a necessidade de conceituar o atrator.

Para Larsen-Freeman (1997: 145), "o caminho que um sistema dinâmico toma pode ser traçado no espaço e é chamado de atrator. Ele recebe esse nome porque é o padrão para o qual um sistema dinâmico é atraído". Quando tratamos de aquisição de segunda língua, a influência de características da língua materna pode promover um estado atrator para o qual a língua-alvo tenderá; isso ocorre principalmente em fase inicial de aprendizagem, como se pode perceber pela constante relação entre as duas línguas a que os alunos recorrem.

Sobre a aquisição de segunda língua em sala de aula, Paiva (2014: 150) argumenta: a prática ainda usada em sala de aula "configura-se, geralmente, como atratores fixos, com comportamentos mecânicos, previsíveis e destituídos de sentido, como, por exemplo, o uso de listas de frases descontextualizadas para serem transformadas em negativas, interrogativas, voz passiva etc.". Isso resulta em um ensino em que o aluno não vai muito além do estado inicial.

A estrutura da língua é, por conseguinte, resultado da interação entre os diversos subsistemas e o contexto em que se encontra o sujeito, além de ser resultado também do estado de atração para o qual tende a língua-alvo, o seu estado de "preferência". Vetromille-Castro (2011: 117-118) lembra que, apesar de haver, no planejamento de ensino, previsões de aprendizagem representadas por um plano de curso, "(...) ou um conjunto de atividades, a construção de conhecimento em uma sala de aula (...) não ocorre de modo linear". Há uma variedade de condições e ações interagindo na aquisição da língua, como o uso de livros, de dicionários, o acesso à internet e a textos dentro e fora da sala de aula etc.

A aquisição de uma segunda língua, conforme a visão da complexidade, busca explicar a interação entre a língua-alvo e a língua materna na pronúncia da primeira. Há vários subsistemas em interação e dessa interação resulta a aquisição do aluno, não de forma fixa e linear, mas em constante movimento. Quanto mais estáveis e tradicionais, as atividades exercerão pouca força sobre o estado inicial, configurando-se em um atrator fixo. O padrão oral da língua materna constitui também um fator para a pronúncia de outra língua, fazendo parte da composição dos atratores. Isso porque vemos as características da língua materna como um estado de preferência do sistema. Esses conceitos são retomados na seção de análise das atividades dos livros didáticos.

3. Descrição das atividades

Os livros didáticos escolhidos para esta análise foram divididos em dois grupos. O grupo 1 se compõe de livros didáticos produzidos no Brasil para serem usados por escolas públicas de ensino médio. O grupo 2 é composto pelos livros produzidos fora do Brasil e utilizados geralmente em cursinhos ou escolas particulares. Nomeamos, para fins de identificação, os livros de cada coleção analisada por número. Dessa forma, os livros do grupo 1 são:

- Coleção 1 (2014), material didático de espanhol, volumes 1, 2 e 3;
- Coleção 2 (2014), material didático de inglês, volumes 1, 2 e 3;
- Coleção 3 (2011), material didático de inglês, volumes 1, 2 e 3.

Os livros do grupo 2 são:

- Coleção 4, material didático de alemão, volume 1;
- Coleção 5, material didático de francês, volume 1;
- Coleção 6, material didático de inglês, volumes 1, 2 e 3.

Grupo 1: Livros produzidos no Brasil

Todas as coleções deste grupo foram avaliadas e disponibilizadas pelo Ministério da Educação (MEC) por meio do Programa Nacional do Livro Didático (PNLD). Os livros selecionados e distribuídos são renovados trienalmente. Dos livros que compõem essa análise, o livro 3 fez parte do ciclo 2012-2014. As outras duas coleções compuseram o ciclo 2015-2017. Cada coleção apresenta três volumes, um para cada série do ensino médio. Essa divisão é uma exigência do MEC para a coleção integrar o PNLD. Na descrição do grupo, referimo-nos a cada volume correspondente, ou seja, a cada série que ele representa dentro do número da coleção em análise. Apesar de todas se constituírem em três volumes, cada coleção apresenta diferentes formas de estrutura interna, subdividindo-se em capítulos, unidades, seções dentro de unidades ou capítulos etc. A partir dessa estrutura, analisamos o tratamento dado à pronúncia em cada volume.

Coleção 1

Essa coleção apresenta poucas atividades com foco na pronúncia, distribuídas ao longo de seções intituladas "unidades". Dessa forma, destacam-se os sons a serem trabalhados em cada unidade, apresentados sob o título "Fonética e ortografia". Não há, dessa forma, um capítulo dedicado somente à pronúncia. Ela é apresentada junto às habilidades de leitura, escrita etc.

Damos como exemplo a atividade do volume 1, unidade 1, em que se relacionam os "sons vocálicos a/e/o" (p. 22):

Fonética y ortografía

(1) Escucha con atención las palabras del cuadro.

A		E		O	
Agua	España	Espejo	Tarde	Ojo	Historia
Ahora	Andando	Espera	Café	Otro	Ópera
Alma	Antes	Ella	Médico	Copa	Cartón

(2) Vuelve a escuchar las palabras y contesta con sí o no.

(a) ( ) La vocal ***a*** suena siempre abierta

(b) ( ) La vocal ***a*** antes de ***n*** o ***ñ***, como en España, ***andando*** e ***antes***, suena como las nasales en portugués.

(c) ( ) Las vocales ***e*** y ***o*** suenan siempre cerradas. Incluso cuando llevan acento.
(d) ( ) En la palabra ***tarde*** la vocal final ***e*** suena como ***i***, igual que en algunas regiones de Brasil.
(e) ( ) En las palabras ***médico*** y ***otro*** la vocal final ***o*** suena como ***u***, igual que en Brasil.

(3) Ahora, lee en voz alta las palabras del cuadro anterior.

O volume 1 da coleção traz uma pequena seção em cada unidade para tratar de sons específicos, por vezes, com a mesma estrutura: escutar palavras com aquele som, entender as diferentes ocorrências e depois ler. Na unidade 2, os sons trabalhados são b/v; na unidade 3, ch/h; d/t na unidade 4; g/j na unidade 5; l/ñ na unidade 6; r/rr na unidade 7; e ll/y na unidade 8. A coleção não diferencia símbolo fonético de ortográfico, falando somente de *sons*, o que pode levar a certa confusão de representação.

No volume 2, mantém-se a mesma estrutura de atividade. Entretanto, o livro aborda, somente na unidade 1, o nível fonológico, com os "sons consonantais c/s/z", demonstrando novamente a confusão de representação. As demais unidades trazem aspectos de acentuação de palavras, como segue o exemplo da atividade abaixo (p. 36, vol. 2):

Fonética y ortografía. Acentuación de las palabras agudas y graves

(1) Fíjate en las sílabas destacadas de las siguientes palabras. ¿Cuándo llevan o no acento?

Agudas (última sílaba tónica)		Graves o llanas (penúltima sílaba tónica)	
Habili<u>dad</u>	A<u>cá</u>	<u>Pla</u>za	Di<u>fí</u>cil
Protes<u>tar</u>	Vi<u>vió</u>	Estu<u>dian</u>tes	Ca<u>rác</u>ter
Pa<u>ñal</u>	Estu<u>dié</u>	<u>Jo</u>ven	<u>Án</u>gel
Co<u>lor</u>	Inte<u>rés</u>	<u>Tu</u>vo	<u>Cár</u>cel
Mar<u>char</u>	Desapari<u>ción</u>	<u>Vi</u>ne	Re<u>vól</u>ver

(a) Solo se acentúan las palabras agudas que terminan en vocal, -n y -s.
(b) Se acentúan las palabras graves o llanas que terminan en vocal.
(c) Se acentúan las palabras graves o llanas que terminan en consoante, menos en la -n y -s.

As atividades de cada unidade abordam: na unidade 1, os sons c/s/z; na unidade 2, a acentuação de palavras oxítonas e paroxítonas; na unidade 3, a acentuação gráfica de proparoxítonas, *sobresdrújulas* (palavras com sílaba tônica anterior à proparoxítona) e palavras terminadas em -mente; na unidade 5, a acentuação das palavras interrogativas e exclamativas; na unidade 6, as palavras com acentuação alternativa; na unidade 7, a acentuação com imperativo; e, por fim, na unidade 8, os *heterotónicos*.

O volume 3, apesar de manter a estrutura dos anteriores no item "Fonética e ortografia", não apresenta atividades com sons específicos. A seção está voltada para atividades sobre regras de pontuação em todas as unidades, relacionando-se muito mais com as questões ortográficas do que com as questões fonéticas. As atividades são distribuídas da seguinte maneira: a vírgula, na unidade 1; o ponto, na unidade 2; o ponto e vírgula, na unidade 3; as aspas, na unidade 4; o travessão, na unidade 5; os dois-pontos, na unidade 6; os parênteses, na unidade 7; e, por fim, as reticências, na unidade 8.

Portanto, as atividades de pronúncia não são abordadas de maneira isolada, até mesmo pelo título da seção que traz as possíveis atividades: fonética e ortografia. Isso demonstra que a pronúncia do espanhol, por caracterizar-se como próxima à da língua materna, é abordada em maior parte somente no primeiro livro, em que são trazidos os sons que podem diferenciar-se do padrão fonotático da língua materna. Os dois livros subsequentes trabalham, com ênfase, a tonicidade e a ortografia.

Coleção 2

Essa coleção também se divide em três volumes. O volume 1 apresenta um capítulo intitulado *Pronunciation Practice* ao final do livro, no qual se concentram as atividades voltadas para a pronúncia. Transcrições fonéticas, distinções entre sons e repetições compõem esse capítulo.

As atividades do volume 1 compõem a diferenciação entre os seguintes pares de fonemas vocálicos: /æ/ e /e/; /ɪ/ e /i:/; /ʊ/ e /u:/; e dos consonantais: /p/, /t/ e /k/; /θ/ e /ð/; /m/ e /n/; /t/, /d/ e /ɪd/. Elas também abordam os sons consonantais /l/, /t/, /d/ e /b/ quando de sua ocorrência como *silent consonants* (consoantes mudas, não pronunciadas) e, por fim, as palavras que caracterizam diferentes sons devido ao contexto de pronúncia posterior, como a preposição *of* /ɔv/, que assume a pronúncia [əv] antes de segmentos vocálicos e /ə/ antes de consoantes em posição átona. Há, ainda, questões sobre a pronúncia do artigo indefinido *a* em posição átona, a pronúncia do artigo definido *the* diante de som vocálico ou consonantal em posição átona, a pronúncia dos pronomes *him* e *her* em posição átona, a pronúncia da preposição *to* antes de som vocálico ou consonantal, a pronúncia da preposição *for* em posição átona e a pronúncia do pronome *that* em posição átona.

O livro concentra-se no trabalho da pronúncia de sons que não encontram semelhança contextual na língua materna ou que não existem em seu padrão fonotático, como é o caso das fricativas interdentais (/θ/ para o desvozeado, /ð/ para o vozeado). Para exemplificar, descrevemos as seguintes atividades (p. 150):

Vowels

(1) Listen to the following minimal pairs and repeat.

/æ/	/e/	/ɪ/	/i:/
bat man bad pan band	bet men bed pen bend	fill ship sit bit slip	feel sheep seat beat sleep

(15) Listen to the pronunciation of the following words and underline those that contain a silent /l/ - /t/ - /d/ - /b/.
world often faster almond bomb would Wednesday
chalk cold palm comb banana whistle tomb Bob

Apenas o volume 1 dessa coleção apresenta um capítulo exclusivo para a pronúncia. Os volumes 2 e 3 não apresentam esse capítulo temático. No caso do volume 2, há uma pequena seção intitulada "Vocabulary Work", com dicas de como usar o dicionário para aprender a pronúncia. Não se trata de atividades sobre pronúncia, mas de informações que podem auxiliar na busca da transcrição fonética em dicionários. Por fim, o volume 3 não traz nenhum tipo de atividade de pronúncia.

As atividades do livro 1 se concentram em fonemas considerados difíceis para o brasileiro aprendiz de inglês, trabalham sons que ou não estão no conjunto de fonemas da língua materna ou têm características distintas. Diferentemente do que ocorreu na coleção 1, a coleção 2 utiliza os símbolos fonológicos para representar os fonemas alvo de cada atividade, além da nomenclatura específica, como posição átona, sons vozeados e desvozeados.

Os autores parecem acreditar que somente aquela primeira abordagem daqueles sons específicos é necessária. Já tendo tido contato com a parte "difícil" dos sons da língua-alvo, o aluno não necessitaria mais desse trabalho específico ao longo das outras duas séries.

Coleção 3

A coleção em análise não apresenta um capítulo específico sobre a pronúncia. Todavia, há algumas atividades voltadas para essa habilidade ao longo do livro. Essas atividades aparecem na seção denominada *Spoken Language* e acompanham as outras habilidades da língua: leitura, escrita etc. As seções de *Spoken Language* são poucas e ocorrem de acordo com os conteúdos de cada unidade. Elas, porém, não se referem somente a características da estrutura da língua ou da pronúncia. Algumas atividades fazem referência à língua em uso, como o contexto de sentimentos (os chamados *moods*, do inglês "modos" ou "sentimentos": raiva, ansiedade, felicidade etc.) e sua influência na pronúncia. Esse tipo de atividade parece estar relacionado à prosódia, haja vista que sua intenção é identificar o sentimento, a disposição da pessoa, de acordo com a entonação dada à pronúncia. Dessa forma, a atividade vai além da ideia de treino de pronúncia e auxilia o aluno a identificar o contexto de uso da entonação, sua relação com sentimentos diversos.

Além da prosódia e da entonação, a seção *Spoken Language* também pode ser constituída de informações a respeito do contexto fonológico, como é o caso do exemplo seguinte (p. 60, volume 1):

Spoken language

When we speak we link a lot of works together. Listen and notice how a consonant sound at the end of a word is linked to a vowel sound at beginning of the next word.

1. a lack of snow
2. the local economy
3. An effect on tourism

Now, listen again and repeat, making the same links.

Essa atividade constitui-se, basicamente, de repetição. Somente na p. 94 encontramos uma seção especificamente ligada à ocorrência de fonemas da língua inglesa na palavra: a pronúncia da coda *(-ed)* dos verbos regulares no passado simples:

Spoken language

There are three different ways to pronounce the -ed ending of regular verbs in the Simple Past tense: /t/, /d/ or /ɪd/. Listen and repeat.

/t/	/d/	/ɪd/
Helped	Called	Founded
Worked	Delivered	Dedicated
	Organized	Coordinated

Complete the table with the verbs from the box. Listen and check your answers.
wanted killed
asked recognized
nominated stopped

/t/	/d/	/ɪd/

Mais algumas seções de *Spoken Language* aparecem no volume 1, sobre o *schwa* (vogal específica do inglês, com informações sobre ela); sobre as letras "i" e "y", pronunciáveis como /aɪ/; sobre a forma contraída do auxiliar *will* ('ll, indicando futuro) e sua pronúncia.

Por fim, há uma seção em que foram agrupados exemplos de verbos irregulares no passado. Os grupos são separados pela semelhança na ortografia e na pronúncia. São quadros com vários exemplos de verbos caracterizados por pronúncia específica. Também representam somente informações de pronúncia, não constituem atividades.

O volume 2 mantém essa estrutura didática e traz mais algumas seções de *Spoken Language*: sobre a sílaba tônica de algumas palavras; sobre as *silent letters* (letras mudas ou não pronunciadas), vogais e consoantes que não aparecem na pronúncia; sobre o uso de *fillers* (recursos linguísticos orais usados na comunicação, como *hum, é..., ahh* etc.); sobre a mudança da sílaba tônica em algumas palavras ocasionada pelo sufixo *-ion*; sobre o fonema /ɔ:/; sobre a pronúncia das formas contraídas "I'd"; "that's", "you'll" e outras; sobre diferença na sílaba tônica de substantivos e verbos. No final do livro, conforme ocorreu para o anterior, esse volume traz listas de verbos irregulares no passado agrupados de acordo com a pronúncia.

O volume 3 apresenta as seções *Spoken language* organizadas da seguinte forma: sobre palavras homófonas; sobre o fonema /ɪə/; sobre a pronúncia de contextos em que uma palavra termina com o mesmo fonema iniciante da palavra seguinte; sobre os sentimentos presentes na fala; sobre diferentes informações que podem ser extraídas de uma frase de acordo com a mudança na ênfase das palavras que constituem a sentença; sobre as diferenças entre o inglês britânico e o americano na pronúncia da vogal "i" para algumas palavras; sobre os fonemas /ʃ/ e /ʧ/; sobre a pronúncia de "ch" como /ʧ/ ou /k/; por último, seguindo os demais volumes, há uma lista de verbos regulares no passado agrupados de acordo com a pronúncia.

Para exemplificar a abordagem do livro, trazemos mais uma atividade sobre o nível fonológico da língua, presente no volume 3 (p. 128):

Spoken Language

Listen to the following pairs of words below and repeat them. Notice the difference between the sounds /ʃ/ as in **wish** and /ʧ/ as in **which**.

/ʃ/	/ʧ/
Wa**sh**	Wat**ch**
Ca**sh**	Cat**ch**
Ship	**Ch**ip
Shoes	**Ch**oose

Listen and mark the words you hear.

( ) mash	( ) match
( ) share	( ) chair
( ) wish	( ) which
( ) sheep	( ) cheap

Além de fonemas específicos, o livro aborda questões da língua oral, como é o caso dos *fillers*, das contrações e dos já mencionados *moods*. Dessa forma, ele apresenta um conjunto de características da língua-alvo não limitados à diferenciação da língua materna, que também auxiliam no entendimento da influência de fatores não linguísticos na pronúncia, como os sentimentos. Conforme descrevem os autores da obra (*Manual do professor*, volume 3, p. 187):

> O boxe *Spoken Language* (...) busca levar o aluno a perceber, através de exemplos e exercícios, algumas características da linguagem oral, tais como pausas e hesitações, incluindo questões de pronúncia e entonação. Os exercícios focalizam a compreensão oral intensiva (ou seja, de sons, palavras, frases) e buscam levar o aluno a perceber aspectos fonéticos e fonológicos da língua inglesa especialmente relevantes para o aluno brasileiro.

Apesar de relatar que o livro aborda "aspectos fonéticos e fonológicos da língua inglesa especialmente relevantes para o aluno brasileiro", diferentemente do que ocorre no livro 3, a coleção não parece estar focalizada nos sons que não ocorrem na língua portuguesa, como as fricativas interdentais, as vogais longas e as curtas.

As atividades e a abordagem do *Spoken Language* levam a pensar que o livro foi desenvolvido para trabalhar as propriedades linguísticas em nível segmental e suprassegmental e não a relação delas com o contexto. É evidente a tentativa de demonstrar ao aluno que a fala percorre caminhos específicos de expressão em cada língua, com auxílio dos sentimentos, da entonação etc. A seção utiliza também os símbolos fonológicos para a representação dos fonemas, o que facilita a diferenciação entre letra e som para o aluno. É relevante a abordagem em torno das diferenças entre as línguas para sons que só ocorrem na língua inglesa, haja vista que muitas vezes é preciso trazer à consciência essas diferenças para que o aluno compreenda melhor aquilo que está ouvindo ou falando e possa melhor se comunicar.

A seção *Spoken Language* possibilita o exercício de elementos segmentais e suprassegmentais. Entretanto, quase todas as atividades propostas nos três livros constituem-se em ouvir e repetir, baseando sua aplicação em ações fixas e mecânicas. No volume 3, destacam-se atividades de *listen and check* (ouça e verifique), principalmente.

Grupo 2: Livros produzidos fora do Brasil

Reunimos neste bloco livros que atendem diferentes línguas. Temos uma obra voltada para o ensino de alemão, uma para o ensino de francês e a última para o inglês. No caso do alemão e do francês, não tivemos acesso à coleção inteira, apenas a um volume de cada. No entanto, acreditamos que cada volume seja suficientemente ilustrativo para verificar como se aborda a questão da pronúncia.

Coleção 4

Livro para alunos iniciantes, com o objetivo de prepará-los para o nível A1[1], do Quadro Comum Europeu de Referência para as Línguas.

[1] Nível A1: entender e utilizar expressões familiares do dia a dia, bem como frases básicas direcionadas a satisfazer necessidades concretas. Poder se apresentar e responder perguntas sobre detalhes de sua vida pessoal como, por exemplo: onde vive, pessoas que conhece ou

O livro apresenta, no final de cada capítulo, uma rápida seção sobre pronúncia. Há tanto a preocupação com a acentuação de palavras e de frases quanto com a pronúncia de alguns segmentos. O padrão da seção se repete: não há nenhuma instrução sobre a articulação dos sons, nenhuma pista fonética. Há apenas a apresentação de algumas palavras ou sentenças, sem ordem nenhuma, ou seja, não são exercícios, tampouco explicações. Não há auxílio de áudio. Além disso, o número de palavras ou frases apresentadas é bastante reduzido.

Aussprache
Wortakzent
'wohnen, 'arbeiten, 'einundzwanzig, 'dreiundachtzig, 'neunhundertundfünfzig.

Aussprache

Umlaute ä, ö, ü
Zählen, der Löwe, die Bücher

A primeira seção de pronúncia (*Aussprache)* é voltada para o acento da palavra, marcado com um apóstrofo. A segunda, para a pronúncia de fonemas específicos transcritos pelas vogais com trema. Há várias outras letras apresentadas pelo livro (o livro não faz menção a fone ou fonema, nem apresenta transcrições), assim agrupadas: as letras p, b, t, d, k, g; as letras f, w e v; as letras n, ng e nk; as letras r e l; as vogais longas e curtas; as terminações -e, -en, -el e -r; a comparação entre as vogais ie-u-ü, de um lado, e e-o-ö, de outro; o encontro consonantal ch. Em relação à tonicidade, o livro separa o acento de nomes, de verbos e numerais, de palavras nas quais o acento é marcado por ä, ö e ü, de palavras compostas, além do acento frasal em perguntas e frases afirmativas. Interessante notar também que as palavras usadas na seção de pronúncia são palavras que fazem parte do vocabulário do capítulo correspondente.

---

coisas que possui. Pode ainda interagir de maneira simples com nativos desde que eles falem pausadamente, de maneira clara e estejam dispostos a ajudar.

Coleção 5

O livro ao qual tivemos acesso é o volume 2. Ele apresenta atividades diversas relacionadas à pronúncia ao final de cada capítulo, envolvendo a pronúncia de segmentos e suprassegmentos. Ao contrário do livro de língua alemã, ele faz uso de símbolos fonéticos, exigindo do professor um conhecimento nessa área, uma vez que não apresenta nenhuma instrução explícita de articulação (salvo no caso das vogais).

E

L'articulation des voyelles nasales

1 – Opposition voyelle/voyelle nasale. Écoutez et répétez ces couples de mots. Retrouvez les sons sur le tableau. Écrivez ces mots. Mettez un article quand il s'agit d'un nom.

Exemple: **[pe] / [pɛ̃] - la paix / le pain**
Position avant → arriére

[ɛ] - [ɛ̃]	[œ] - [œ̃]	[ɔ] - [ɔ̃]
	[ɑ] - [ɑ̃]	

2- Opposition entre les voyelles nasales.

Écoutez et retrouvez le sens de ces groups de mots. Écrivez-les et notez les voyelles que vous entendez.

Exemple: du bon pain de campagne

[ɔ̃] [ɛ̃] [ɑ̃]

Nos dois primeiros capítulos, o foco está na articulação das vogais. A exemplo da atividade acima, acerca das vogais orais e nasais, há um momento em que se faz menção à articulação desses sons, voltados para os parâmetros de altura e posterioridade. Inclusive, apresenta-se ao aluno o trapézio das vogais. Nas demais atividades dos capítulos subsequentes, volta-se à audição e distinção da pronúncia de sons específicos, seguidos, em grande parte, pela leitura de algum poema, envolvendo o som explorado, conforme o segundo exemplo. Embora o foco das atividades seja o segmento, percebe-se uma preocupação para além do nível segmental, o que é positivo, visto que a língua é um sistema complexo, composto e influenciável por outros sistemas e subsistemas.

Le son [y]

1- Écoutez ces courtes phrases. Chacune se termine par un mot d'une syllabe. Écrivez ce mot dans la colonne qui convient.

[y]	[i]	[u]

2- Répétez ces phrases
As-tu vu
Tous les zebus d'Afrique
As-tu entendu
Au clair de lune
Les musiques du Mozambique?
Alors ne dis plus:
"J'ai tout vécu. Je suis déçu!"
Car toute minute est unique.

Outros sons explorados no decorrer do livro são [j, ui, ɥi, ɛ̃, iɛ̃, ø, k, g, R, ks, gz, st, sp]. Além das atividades voltadas para os segmentos, há uma atividade de pronúncia sobre os nomes dos meses e sobre os advérbios em *-(e)ment*, uma atividade com estrangeirismos e outra com entonação da argumentação, sempre com ênfase na leitura. Ainda, algumas atividades de pronúncia que se constituem unicamente da leitura de poema.

Coleção 6

Analisamos três volumes da quarta edição desse material didático. Todos os volumes apresentam atividades sistemáticas com pronúncia em cada unidade. Os conteúdos de pronúncia estão vinculados aos conteúdos da unidade (tema, vocabulário ou tópico gramatical). Ao contrário das obras para o ensino de francês e alemão, a preocupação com a pronúncia de segmentos (vogais e consoantes) é bem menor. A ênfase em questões suprassegmentais, tais como entonação e redução na fala, vai se intensificando no decorrer dos três volumes. Quando o foco é segmental, os exercícios são esquematizados para levar o aluno a perceber a relação grafofonêmica, como podemos ver na atividade abaixo, do *Intro Student's Book.*

A – Listen and practice. Notice the pronunciation of *s* and *sh*.
suit **s**ocks **s**carf
shirt **sh**orts **sh**oes

B – Read the sentences. Pay attention to pronunciation of *s* and *sh*.
This is **S**andra's new **sh**irt.
These are **S**am's purple **sh**oes.
Where are my **sh**oes and **s**ocks?
My **sh**orts and T-**sh**irts are blue.

Outras atividades voltadas para as correspondências grafofonêmicas do primeiro livro associam-se a conteúdos gramaticais, como o plural com *-s*, a terceira pessoa do singular do presente terminado em *-s* e o passado regular em *-ed*. As demais atividades voltam-se para a entonação frasal, o acento silábico e algumas reduções, tais como: *do, want to* e *have to*. No volume dois, observamos o mesmo padrão do primeiro livro, algumas atividades voltadas para os segmentos e outras para a acentuação e a entonação. Como exemplos, citamos a pronúncia dos encontros consonantais, a pronúncia de "d" e "t" em final de palavra, o acento contrastivo em respostas, o acento enfático em frases exclamativas, a redução de *used to,* as vogais não pronunciadas, a redução de *of have*, entre outros. Há, inclusive, uma atividade sobre o *pitch*, relacionada à expressão de certeza e dúvida.

No volume 3, a ênfase recai sobre as questões suprassegmentais. Há apenas uma atividade sobre a relação grafofonêmica de consoantes não pronunciadas em determinados contextos. As demais atividades voltam-se para a entonação e a redução de diversos elementos na fala. Notamos uma grande preocupação com a questão da fluência na oralidade, com muitas atividades voltadas para a redução e a entonação de palavras dentro de frases, de diferentes tipos de perguntas (perguntas de escolha, *tag questions,* acento contrastivo). Na atividade abaixo, vemos a questão da redução de palavras na conversação.

A - Listen and practice. Notice how certain words are reduced in conversation.
In order for a cafe to succeed, it needs to have good food and service.
For an airline to be successful, it has to maintain a good safety record.

B - Pair work. Take turns reading the sentences in exercise 2 aloud. Use your first choice to complete each sentences. Pay attention to reduced words.

A abordagem das atividades é a mesma em todos os volumes. São sempre duas as atividades: a atividade A se inicia invariavelmente com "ouça e pratique" e tem o suporte de áudio. A atividade B, também voltada para a prática, engloba atividades diversas, algumas mais livres, em que os alunos podem criar sentenças ou diálogos e praticar com o colega, e outras mais fechadas, como voltar a algum exercício e fazer a leitura, ou simplesmente ler frases, a exemplo da atividade apresentada. Como análise geral dos três volumes, a obra, como um todo, busca contemplar as particularidades da língua inglesa no tocante à prosódia, de modo que o aluno possa se expressar oralmente com ritmo e entonação próximos ao falante nativo.

3. Análise e discussão dos dados

Entre os dois grupos de livros analisados, os produzidos no Brasil levam em conta as características da língua materna, os demais, não. O material de língua espanhola faz isso de forma explícita, como se vê na primeira atividade: "En la palabra *tarde* la vocal final *e* suena como *i*, igual que en algunas regiones de Brasil". No livro 3, embora não se faça nenhuma relação explícita com o português, os fonemas escolhidos são aqueles que não existem na língua materna dos estudantes. A terceira obra nacional analisada, apesar de dizer o contrário no "Manual do professor", foge desse padrão e se assemelha mais às obras estrangeiras, que não fazem remissão à língua materna.

Uma atividade de pronúncia pode trazer diferentes aspectos da língua-alvo e sofrer diversas influências da língua materna. As atividades que fazem essa diferença exercem força sobre o sistema, uma vez que ele é aberto e sujeito a mudanças. Essas mudanças promoverão uma possível diferenciação entre os padrões fonotáticos da língua estrangeira e os da língua materna, caracterizando o comportamento da pronúncia.

Especificamente sobre o grupo 1, a abordagem dos livros didáticos demonstra duas diferentes construções: a coleção 2 seguiu isolando os sons ao final do capítulo para treino específico; as duas outras coleções preferiram mostrar a ocorrência de sons e algumas poucas atividades de pronúncia ao longo dos capítulos, tentando relacioná-las ao conjunto do conteúdo abordado em cada unidade. No grupo 2, em todos os materiais, há a distribuição das atividades nos diversos capítulos. Compreendendo que a língua é um sistema complexo e dinâmico em constante reorganização, trabalhar questões voltadas à fonologia e à pronúncia apenas no 1º ano ou em um único capítulo não é a opção mais acertada. De acordo com Paiva (2014), a fonologia é um subsistema que compõe o sistema da língua e a pronúncia está diretamente ligada a ela. Trabalhar um subsistema no início do processo de aprendizagem e ignorá-lo no restante do percurso pode deixar lacunas, influenciando pouco o sistema, limitando a reorganização e levando a atratores que não condizem com a língua-alvo, recaindo facilmente na fossilização.

Sobre a abordagem pedagógica das atividades de pronúncia de ambos os grupos, e a partir do que expõe Paiva (2014), observamos que elas são, em maior parte, atratores fixos, sua variação é pequena e, por vezes, concentram-se em habilidades mecânicas (ouvir e repetir, ouvir e marcar). Dessa maneira, o isolamento de sons da língua estrangeira talvez não promova uma mudança num sistema tão grande quanto, por exemplo, a contextualização dos sons, explicando-se a necessidade de treiná-los e suas diferenças em relação à língua materna.

A teoria dos sistemas complexos permite-nos inferir que, apenas por meio de atividades mecânicas, a capacidade de influenciar o sistema positivamente não terá êxito. Trabalhar aspectos para além do ouvir e repetir é primordial na constituição das atividades de pronúncia. Cada atividade pode ser considerada como um pontapé inicial para uma mudança no sistema. Uma vez que é quase impossível delimitar todos os elementos que compõem esse estado inicial, o resultado de determinada atividade sobre cada aluno será diferente. Mas como o sistema é aparentemente aleatório e padrões são possíveis ao longo do tempo, o problema de atividades mecânicas de repetição reside no fato de considerar apenas parte do sistema, o sistema fonético-fonológico, em detrimento dos demais e da interação entre eles.

Os aspectos não linguísticos também podem auxiliar nesse processo de aquisição, como é o caso da abordagem da coleção 3 com os *fillers* e os sentimentos presentes na fala, utilizando o contexto da oralidade, pois não se trata apenas de fonologia da língua. Além disso, há que considerar o contexto macro que envolve o sistema, isto é, o contexto sócio-histórico-cultural e político, que terá influência nas mudanças. Quanto mais ampla for a visão do professor sobre as variáveis envolvidas no processo de aprendizagem, maiores serão as chances de sucesso.

4. Comentários finais

A prática behaviorista ainda está muito presente nas atividades de pronúncia, caracterizando o aprendizado de uma língua como prática mecanizada (ouvir, ler, repetir). Somado a isso, é possível observar a língua enquanto estrutura linguística composta por sons que, juntos, constituem palavras e, depois, frases para formar um todo de sentido. No entanto, algumas outras atividades levam a uma concepção de língua diferente da acima apresentada, como as que aparecem na coleção 3, por exemplo, que trazem a noção de língua em contexto, o que está mais perto da concepção de língua enquanto fenômeno social contextualizado e influenciado por diversos fatores. Essa visão de língua tomou corpo a partir da consideração do papel social junto ao papel cognitivo e da estrutura linguística nos estudos da linguagem e traz um caminho interessante para se pensar a aprendizagem.

Diversos são os fatores que influenciam a aprendizagem de línguas, atividade composta de diversos subsistemas constituintes de um sistema aberto. Pensar as contribuições ao processo de ensino e aprendizagem nessa perspectiva é reconhecer que a aprendizagem de língua é sempre influenciada por vários fatores. Por conseguinte, as atividades de pronúncia deveriam ser as mais diversas, compreendendo tanto fatores linguísticos quanto não linguísticos.

A língua é um fenômeno complexo e dinâmico, localizado, histórico, político e ideológico. Na aprendizagem de línguas, muitos caminhos podem ser tomados. Segundo isso, as condições iniciais devem ser pensadas e planejadas a fim de auxiliar na aprendizagem do aluno. A atividade de pronúncia em sala de aula constitui uma condição inicial que pode levar o aluno, quando bem planejada, a vários caminhos de construção do conhecimento, saindo da fase em que já se encontrava. Conforme expõe Oliveira (2015: 17), dentro do universo que a aula de línguas representa, "é pela logística que devemos começar o ato de ensinar, o que significa que nossa aula começa a tomar contornos antes mesmo de entrarmos em sala". As atividades sobre elementos linguísticos e não linguísticos são importantes ao contexto e devem ser pensadas de acordo com o objetivo da aula.

Com os resultados e as discussões promovidas neste trabalho, esperamos que o professor de línguas possa encontrar subsídios para avaliar o material didático que utiliza e, assim, proporcionar sua melhor utilização, de acordo com as necessidades dos alunos de sua localidade. Como exposto por Lima (2009: 77), "[...] é preciso lançar olhos críticos aos recursos didáticos de auxílio ao trabalho do professor". Nesse sentido, é necessário pensar o material didático fornecido ao professor e ao aluno enquanto fonte de informação e construção de conhecimento. As informações aqui expostas também podem servir de auxílio para pensar novos materiais, diferentes destes ora analisados, ou materiais alternativos ao ensino de línguas levados para a aula, prática costumeira entre professores de línguas.

Livros analisados

Coleção 1: OSMAN, Soraia *et al. Enlaces*: español para jóvenes brasileños. 3. ed., vols. 1, 2 e 3. Cotia: Macmillan, 2013.

Coleção 2: TAVARES, Kátia; FRANCO, Claudio. *Way to Go*. Vols. 1, 2 e 3. São Paulo: Ática, 2013.

Coleção 3: *Freeway*. Obra coletiva concebida, desenvolvida e produzida pela Richmond Educação; editora Verônica Teodorov. Vols. 1, 2 e 3. São Paulo: Richmond Educação, 2010.

Coleção 4: FUNK, Herman; KUHN, Christina; DEMME, Silke. *Studio D A1*: Deutsch als Fremdsprache. Berlin: Cornelsen, 2010.

Coleção 5: GIRARDET, Jacky; CRIDLIG, Jean-Marie. *Panorama de la langue française*. Paris: CLE International, 1996.

Coleção 6: RICHARDS, Jack C.; HULL, Jonathan; PROCTOR, Susan. *Interchange*. Vols. 1, 2 e 3. 4ª ed. Cambrigde: Cambrigde University Press.

CAPÍTULO 7

A pronúncia e a oralidade nas aulas de língua inglesa

Ana Paula Tavares de Moraes Silva Cypriano

1. Introdução

Por anos, o ensino de língua inglesa como língua adicional[1] no Brasil ocorreu sem material didático, sem apoio pedagógico para um ensino sistematizado e continuado do idioma ao longo do segundo segmento do ensino fundamental. A partir de 2009, o problema foi sanado pela inclusão da disciplina Línguas Estrangeiras Modernas (LEM), inglês e espanhol, no Programa Nacional do Livro Didático (PNLD) (Vial, 2012; Cypriano, 2015). No mesmo ano, a Secretaria Municipal de Educação do RJ (SME-RJ), por intermédio da sua equipe de inglês, disponibilizou a todos os professores da SME-RJ as *Orientações pedagógicas de língua inglesa para o segundo segmento do ensino fundamental*.

Tendo em vista que o Brasil e a cidade do Rio de Janeiro iriam sediar diversos eventos internacionais importantes — Copa das Confederações (2013), Copa do Mundo (2014), Jornada Mundial da Juventude (2013), Jogos Olímpicos e Paralímpicos (2016) —, e que no mundo globalizado em que vivemos o conhecimento da língua inglesa é considerado básico (Graddol, 2006; Cypriano, 2015), a SME-RJ

[1] O termo língua adicional será usado para toda e qualquer língua adicionada ao repertório linguístico do falante (Silva, 2011; Sousa, 2011).

implantou um programa cujo objetivo era prover aulas de inglês para todos os alunos do ensino fundamental do 1º ao 9º anos, tendo como foco o desenvolvimento da habilidade oral (Portal do Servidor, 2013; Portal da Prefeitura do Rio de Janeiro, 2014).

Tendo em mente o contexto sócio-histórico-cultural descrito, este capítulo se configura como um mosaico de atividades de inglês, propostas a alunos de uma escola municipal da zona oeste do Rio de Janeiro, objetivando familiarizá-los com aspectos segmentais e suprassegmentais da língua inglesa, encorajando-os à prática, a fim de desenvolverem a habilidade da fala.

Antes de apresentar as atividades propriamente ditas, este capítulo discute brevemente alguns pontos que embasam e ajudam a compreender as escolhas das atividades sugeridas, por sua relevância no encorajamento e desenvolvimento da pronúncia e da oralidade.

2. Pontos relevantes

Diferentemente do que se supunha, a área de maior recorrência de problemas durante a interação entre falantes não nativos de inglês não é a gramatical ou a lexical, mas a de pronúncia (Jenkins, 2000), um campo fértil de estudo. Nesta seção, fazemos uma breve reflexão sobre a variedade linguística a ser adotada no ensino de inglês como LA; sobre como o português acaba por interferir na pronúncia dos alunos; e sobre o sistema de neurônios espelho e seu possível papel na aprendizagem da LA. Estes tópicos podem contribuir para fazermos escolhas um pouco mais informadas de atividades com foco em pronúncia e oralidade.

2.1. Variedade linguística a ser adotada

Trabalhar a oralidade implica fazer uma escolha, consciente ou não, da variedade linguística a ser utilizada como modelo ou padrão para o desenvolvimento da habilidade oral. Essa escolha nem sempre está nas mãos do professor, e sim da instituição de ensino onde ele trabalha; todavia, é importante ele ter ciência das opções para melhor assistir aos alunos durante o processo de ensino-aprendizagem.

O inglês britânico não apresenta apenas a *Received Pronunciation* (RP) ou a *BBC Pronunciation,* que tem substituído a RP (Roach, 2010a; 2010b), mas inúmeras variedades relacionadas com a região da Inglaterra na qual o idioma é falado. O mesmo se pode dizer do inglês americano. Há mais variedades do que a representada pelo *General American* (GA) (Roach, 2010a; Walker, 2015). Nós, professores de inglês, não podemos negligenciar o fato de outros países utilizarem a língua inglesa em interações discursivas, o que fica em evidência no modelo de Kachru (1985), no qual a expansão do inglês é representada graficamente em três círculos concêntricos: o círculo interno, o círculo externo e o círculo em expansão.

O círculo interno, o menor dos três, está relacionado às variedades linguísticas cujos falantes têm o inglês como língua materna e é onde as normas linguísticas são produzidas; o círculo interno engloba Austrália, Canadá, Escócia, Estados Unidos, Irlanda, Inglaterra, Nova Zelândia e o País de Gales. O círculo externo, maior do que o primeiro, está ligado às fases iniciais de expansão do idioma, com sua subsequente adoção como segunda língua, como é o caso da Índia, da Nigéria, de Singapura e da África do Sul, por exemplo. O terceiro e o mais externo é o círculo em expansão, associado aos países que reconhecem a importância do inglês como língua internacional, apesar de não terem sido colonizados pelos países do círculo interno, como é o caso do Brasil (Kachru, 1985; Kachru; Nelson, 2009).

A princípio, poderíamos pensar que o aprendiz da língua inglesa iria interagir comunicativamente com um falante nativo de um ou mais países do círculo interno; contudo, estudos mostram que há mais interação entre falantes oriundos de países do círculo em expansão com falantes advindos de países do círculo externo; ou seja, é mais frequente a interação entre falantes cuja língua materna não é o inglês (Graddol, 2006; Walker, 2015). O inglês é utilizado como *lingua franca* por esses falantes, que formam comunidades discursivas com variedades linguísticas distintas do inglês falado por eles. Muitas dessas variedades estão relacionadas à interferência da língua materna desses falantes não nativos de inglês na língua inglesa por eles produzida, seja em nível segmental ou suprassegmental. Podemos encontrar na atualidade as variedades "inglês brasileiro", "inglês argentino", "inglês francês", entre outras. Daí advém a importância de o professor estar ciente dessa realidade e expor seus alunos a diferentes variedades do inglês para eles se acostumarem fonologicamente com elas.

A familiarização fonológica contribui para a celeridade da conversa e a redução dos problemas de compreensão entre os falantes. Um exemplo do estranhamento fonológico inicial é quando um falante do português brasileiro interage com um falante do português europeu. Devido à variedade europeia ter um ritmo diferente da brasileira, o falante do português europeu pode soar, a princípio, um estrangeiro para o falante de português brasileiro. Tão logo o falante da variedade brasileira se familiarize fonologicamente, o estranhamento se desfaz e a conversa ganha fluidez.

2.2. Interferência do português na pronúncia

Nosso cérebro busca associar o conhecimento prévio e as experiências prévias com a informação nova e o conhecimento novo recebidos; por conseguinte, ao aprendermos uma LA após termos adquirido estruturas gramaticais e vários itens lexicais da língua materna (LM), o cérebro procura relacionar o novo conhecimento da LA com o já existente no seu repertório linguístico da LM, podendo causar interferências na aprendizagem da LA. É normal o aprendiz, inicialmente, procurar um som similar ao de sua LM, para tentar pronunciar uma palavra na LA, o que pode ou não afetar negativamente a pronúncia da LA.

Quando o som produzido na LA, que serve de *input* para o aprendiz, não condiz com o som percebido ou reconhecido pelo aluno, podemos pensar numa interferência da LM, haja vista que a aprendizagem da LM gera uma especialização neuronal comprometida em detectar com facilidade os padrões acústicos (unidades fonéticas e padrões prosódicos) a ela inerentes. Isso interfere no aprendizado posterior de uma LA, diminuindo a habilidade de identificar padrões acústicos distintos dos da LM (Kandel *et al.*, 2013: 1359). Há ainda a possibilidade da dificuldade na compreensão do que foi dito se dar em decorrência:

(a) de o tom de voz do falante ser baixo;
(b) de a qualidade de voz do falante não ser boa/límpida;
(c) de ruídos externos;
(d) de a idade do aprendiz afetar a sua acuidade auditiva.

Se a compreensão do que foi falado for equivocada, o aprendiz não conseguirá reproduzir ou responder o que foi dito.

Outro aspecto essencial a ser levado em conta é o padrão motor aprendido na LM ser incompatível com o da LA, gerando pronúncias equivocadas, como é o caso do padrão motor da pronúncia do *h* e do *r* em português e em inglês.

A LM, por fim, também pode influenciar na pronúncia da LA quando o aprendiz é apresentado à forma escrita de um novo item lexical antes de ser introduzido à sua pronúncia.

2.3. Neurônios espelho

Estudos neurocientíficos identificaram no córtex pré-motor um grupo de neurônios denominado de sistema de neurônios espelho, que "espelha ou imita" ações ou comportamentos, auxiliando-nos a recriar a experiência de outras pessoas, a compreender as emoções de outrem e a ter empatia. O sistema de neurônios espelho localiza-se perto da área de Broca, responsável pela formulação de sentenças e produção da fala, levando a crer em uma relação entre esses neurônios e a linguagem. Resultados de estudos realizados com crianças de 3 meses e com crianças de 6 a 12 meses demonstram que a área de Broca dessas crianças foi ativada em resposta ao estímulo auditivo a elas fornecido. As crianças mais velhas (6-12 meses) apresentaram ativação tanto nas áreas auditivas quanto nas áreas motoras (Zull, 2002; Kuhl, 2003; Rizzolati; Craighero, 2004; Kuhl, 2009; Kuhl, 2010; Sousa, 2011a; 2011b; Zull, 2011; Kandel, 2013; Garcia *et al.*, 2014).

Nas fases iniciais da aquisição da linguagem, a criança busca identificar os sons mais frequentes relacionados com sua língua materna para que se dê a especialização neuronal. Decorrido certo tempo, com o auxílio do sistema de neurônios espelho, a criança inicia a repetição desses sons, que serão modificados, descartados ou mantidos de acordo com o *feedback* de seus responsáveis ou cuidadores e de seu próprio sistema de neurônio espelho (Kuhl, 2009; Sousa, 2011a; Sousa, 2011b).

A evolução da linguagem e a necessidade de comunicação social do ser humano parecem estar estreitamente ligadas, levando a crer que a aprendizagem da linguagem pela criança necessita da interação social para ocorrer. Essa interação gera uma situação de aprendizagem única, na qual uma grande quantidade de variáveis introduzida pelo contexto social interfere no processo de aprendizagem e reforça a importância do sistema de neurônios espelho. A interação social desenvolve tanto um sentimento de relação entre o sujeito e o outro, quanto os sistemas de compreensão social que ligam a percepção à ação (Kuhl, 2003; Kuhl, 2009; Rizzolati, Craighero, 2004).

Assim como o sistema de neurônios espelho, a memória desempenha uma função essencial na aquisição da linguagem, sendo, portanto, importante:

(a) implementar atividades com diferentes estímulos sensoriais, para ajudar na criação de diferentes conexões neuronais;
(b) realizar atividades de revisão para fortalecer as redes neuronais da memória de armazenamento;
(c) utilizar *chunking* para apresentar/trabalhar estruturas gramaticais e lexicais, não sobrecarregando a memória de trabalho do aluno (Cypriano, 2014).

3. Atividades indicadas para o segundo segmento do ensino fundamental

As atividades a seguir podem ser aplicadas nos diferentes anos escolares do ensino fundamental II, de acordo com as necessidades/dificuldades dos alunos no que concerne ao desenvolvimento da habilidade oral.

3.1. Marcando o stress

Algumas pessoas não identificam prontamente onde está o *primary stress* do item lexical a ser pronunciado, gerando uma pronúncia equivocada do item em questão. Para lidar com essa situação em sala de aula, podem-se utilizar três estratégias comumente usadas por docentes de língua inglesa nos mais variados contextos.

Uma delas é escrever o item lexical no quadro e informar onde o *primary stress* está localizado, como mostra a ilustração abaixo. A apóstrofe marca o *primary stress* no substantivo *present*.

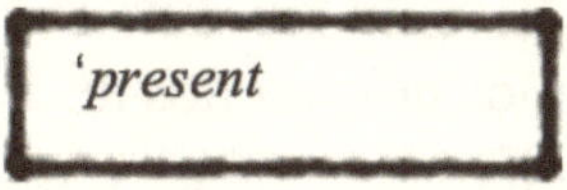

Contudo, nem todos os discentes internalizam a pronúncia com seu respectivo *primary stress* ao visualizarem a imagem acima, o que pode ser sanado com a utilização de outra estratégia: a utilização de marcações distintas acima da palavra. Nesta estratégia, é necessário escrever o item lexical no quadro e desenhar uma forma geométrica; em nosso caso, a escolhida foi o círculo, em tamanho maior sobre o local do *primary stress*, e a forma em tamanho menor sobre a outra sílaba (Celce-Murcia; Brinton; Goodwin, 2015). No exemplo abaixo, foi usado ● para marcar o primary stress e • para informar a ausência dele.

Uma terceira estratégia é a marcação do *stress* do item lexical com palmas. Para cada sílaba da palavra, bate-se uma palma, sendo a palma referente ao *primary stress* batida com mais força para marcar a diferença na pronúncia.

No caso do substantivo *present* composto de duas sílabas, batem-se palmas duas vezes, sendo a primeira palma, referente à sílaba *pre-*, mais forte do que a segunda, a fim de evidenciar para os alunos o local do *primary stress* na palavra (figura 1).

Figura 1: Ilustração da estratégia de marcação do *stress* por intermédio de palmas

Considerando as preferências de aprendizagem dos discentes, a primeira e a segunda estratégias favorecem os aprendizes mais visuais, enquanto a terceira está mais condizente com os mais auditivos. Todavia, ao utilizarmos pelo menos uma estratégia que estimula mais os alunos com preferência visual e outra os com preferência auditiva, possibilitamos ao cérebro associar as duas informações com estímulos sensoriais diferentes, reforçando a informação sobre a pronúncia esperada.

3.2. Falar vagarosamente

Quando provemos, por meio de gravação ou leitura em voz alta, o modelo com a pronúncia do item lexical, seja ele uma única palavra, uma expressão ou uma sentença completa, há discentes que prontamente conseguem reproduzir o modelo, enquanto outros se esforçam para fazê-lo, nem sempre com êxito.

Uma estratégia consistente é a repetição do item lexical de forma extremamente vagarosa, de frente para os alunos, para eles visualizarem os movimentos dos articuladores e compreenderem os fonemas a serem reproduzidos. Ao pronunciar /wətsjə neim/ lentamente, por exemplo, os alunos escutam algo semelhante a /wə - ts - jə- neim/. Depois de repetirem algumas vezes o modelo de forma vagarosa, eles são solicitados a pronunciar /wəts jə neim/, versão repetida algumas vezes para eles se sentirem confortáveis com sua pronúncia, já que também trabalham os articuladores envolvidos. Posteriormente, praticam a pronúncia da última versão /wətsjə neim/, com *falling intonation*, já que é uma pergunta wh.

O escalonamento na velocidade com que a pronúncia é trabalhada permite aos discentes não só identificarem os fonemas presentes na forma do item lexical pronunciado, como também terem ciência das interferências sofridas pelos processos de *connected speech*. A compreensão desse fato acaba gerando a oportunidade de conscientizá-los de que esses processos não são específicos do inglês, mas da língua em uso. Para evidenciar isso, tenho utilizado algo que diversos alunos do ensino fundamental II falam: /ˈkadʒi ke/, para perguntarem o porquê de algo.

3.3. Simulação de uma palavra na L1

Diferentemente da língua materna, inúmeros alunos brasileiros não são expostos à língua inglesa em uso 24 horas por dia, 7 dias por semana; isso dificulta a internalização de determinadas pronúncias na língua adicional. Com isso em mente, podemos estimulá-los a utilizarem uma estratégia de aprendizagem para driblar o problema.

Depois de identificar os itens lexicais cuja pronúncia grande parte da turma não tem facilidade de lembrar, pode-se escrever no quadro, entre parênteses, como seria a palavra se ela fosse em português, como ilustrado na figura 2, com parte de um diálogo trabalhado em sala de aula.

Quando os alunos encontram o item lexical que não evocam facilmente, eles recorrem à pronúncia escrita em parênteses como se fosse a simulação de uma palavra em português. Assim, a pronúncia de *matter* se torna mais fácil de resgatar da memória ao recorrerem a "(mérâr)" escrito acima do item lexical correspondente. Isso também é verdadeiro para "(mãssâlz)", "(djóints)", "(fívâr)" e "(bâri)" cuja correspondência é *muscles*, *joints*, *fever* e *body*, respectivamente (figura 2).

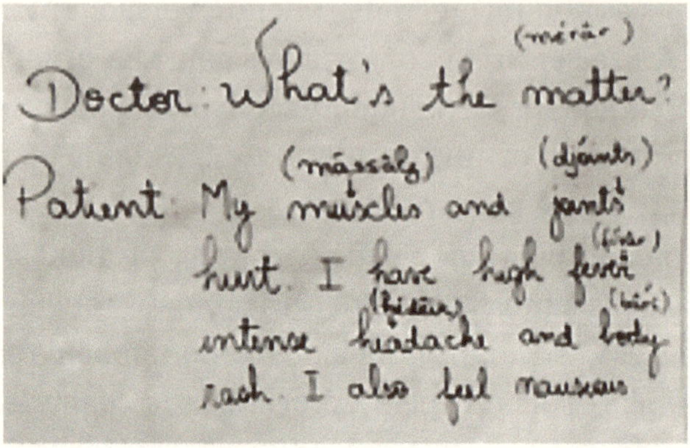

Figura 2: Estratégia para lembrar a pronúncia de uma palavra em inglês, usando a L1 como base.

3.4. Ditado

Uma atividade outrora muito utilizada em sala de aula, já não mais em voga na atualidade, mas que ajuda a trabalhar pronúncia e ortografia é o ditado. Ele exige que os alunos, tendo por base o estímulo auditivo, recorram tanto à memória fonológica quanto à consciência fonológica para associar a informação a determinada ortografia.

Como o ditado expõe o discente à pronúncia do mesmo item lexical, geralmente por pelo menos três vezes, e o aluno, ao se sentir desafiado, tende a bloquear os distratores do meio ambiente para focar sua atenção na ortografia correspondente ao som que está escutando, há uma grande probabilidade de memorização da pronúncia.

Em um ditado feito no início do ano letivo com turmas de 8º ano, os alunos escutaram cada item lexical seis vezes. Primeiramente, escutaram o item formado por uma única palavra, como *apple*, ou por uma frase inteira, como *Let's go to the cinema!*, quatro vezes, e tiveram tempo para escrevê-lo. Após ouvirem a quarta repetição do décimo item lexical, os discentes escutaram todos os itens mais duas vezes para se certificarem de que tinham escrito todos eles. Nesse momento, antes mesmo da pronúncia de todos os itens do ditado, alguns alunos pronunciavam em voz alta para toda a turma o item a ser escrito.

A correção do ditado permite ao professor diagnosticar a interferência da L1 na memória e na consciência fonológicas da língua adicional. A figura 3 mostra a frase *Let's go to the cinema* escrita por um dos discentes. A ortografia mostra que o "'s" de *Let's* e o 'o' de *to* não foram detectados pelo aluno. O 'o' de *to* possivelmente não foi detectado porque sofreu redução de vogal átona, transformando-se em som de *schwa* /ə/, um dos processos de *connected speech* inerente à língua inglesa.

Figura 3: A frase *Let's go to the cinema* escrita por um aluno durante o ditado.

Outro ponto de destaque é a ausência do artigo definido *the* na frase escrita pelo discente; contudo, sua memória fonológica associou a pronúncia do artigo *the* /ðə/ a seu conhecimento prévio de sua L1, na qual não existe o fonema /ð/. Ele então transferiu para a língua adicional o som mais próximo existente na língua portuguesa: "de".

Por, talvez, não conseguir separar a pronúncia contínua, característica do *connected speech*, da pronúncia das palavras isoladas e por não reconhecer a pronúncia do artigo *the*, o estudante escreveu o que lhe soou uma única palavra 'decinem', em vez de duas: *the cinema*.

3.5. Dicionário online

Apesar de todos os recursos tecnológicos disponíveis na atualidade, a autonomia discente ainda não parece ser uma constante na sala de aula. Estudos mostram que o docente pode encorajar o desenvolvimento da autonomia, do tipo reativa, do aluno por intermédio das interações professor-aluno ocorridas tanto no contexto de sala de aula quanto no de ambiente *online* (Cypriano, 2015).

No intuito de promover a autonomia discente, do tipo reativa, e encorajar o desenvolvimento das habilidades de escrita e fala, pode-se solicitar aos alunos do 8º ano do ensino fundamental que levem uma foto deles de quando eram bebês/crianças para a aula seguinte. No dia marcado e de posse das fotos, pode-se construir colaborativamente, por intermédio de *elicitation,* um parágrafo para servir de exemplo, utilizando estruturas gramaticais (*past simple*) e itens lexicais (adjetivos relativos à personalidade e aparência física) aprendidos naquele período e nos anos anteriores, descrevendo onde estavam, sua idade e como eram quando bebês/crianças.

Ao obterem a correção dos parágrafos, pode-se pedir aos discentes que usem o próprio celular para gravar a foto deles enquanto leem o parágrafo por eles produzido. Para que possam verificar e/ou aprimorar a pronúncia dos itens lexicais escolhidos para compor o

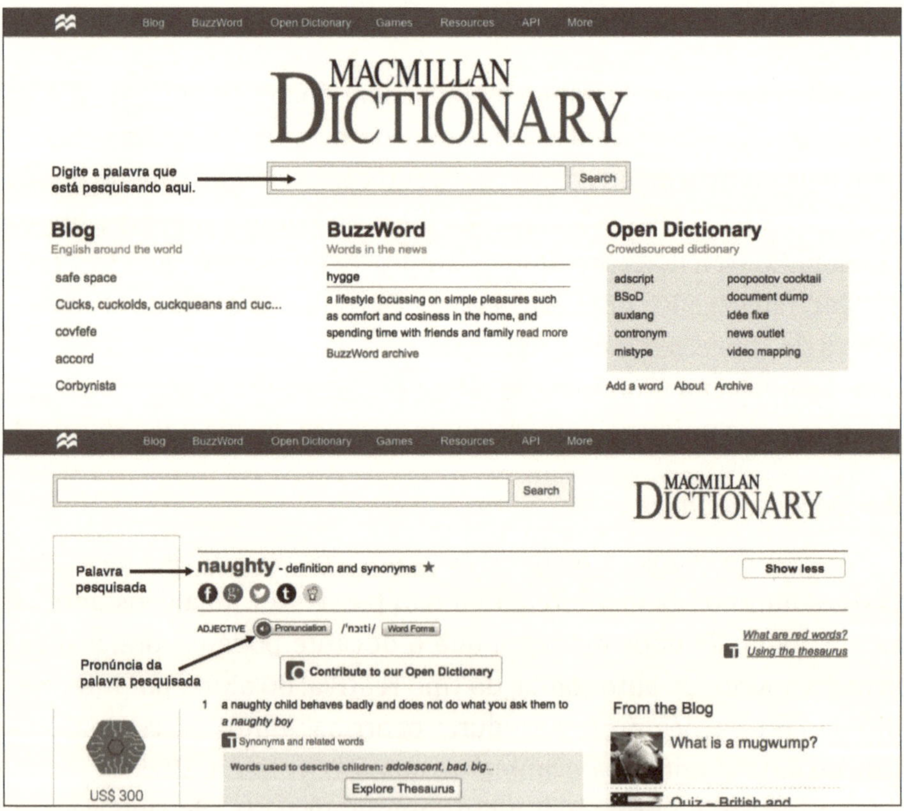

Figura 4: Imagens explicando como utilizar o *site* macmillandictionary.com para usar o recurso de pronúncia.

parágrafo deles, pode-se sugerir que utilizem um dicionário *online* (o macmillandictionary.com, por exemplo). Se estiver à disposição um *notebook*, um projetor, alto-falantes e acesso à *internet*, pode-se entrar no *site* e fazer a busca de um dos itens lexicais escolhido por um estudante — *naughty* —, para que aprendam a navegar no *site* e a utilizar o recurso da pronúncia do item (figura 4).

O vídeo da foto com o áudio da leitura do parágrafo ao fundo pode ser entregue na aula seguinte ou via Messenger.

Mesmo que se forneça o endereço do *site* do *Macmillan Dictionary* para os alunos pesquisarem a pronúncia dos itens lexicais desejados, alguns estudantes podem recorrer ao Google também (figura 5).

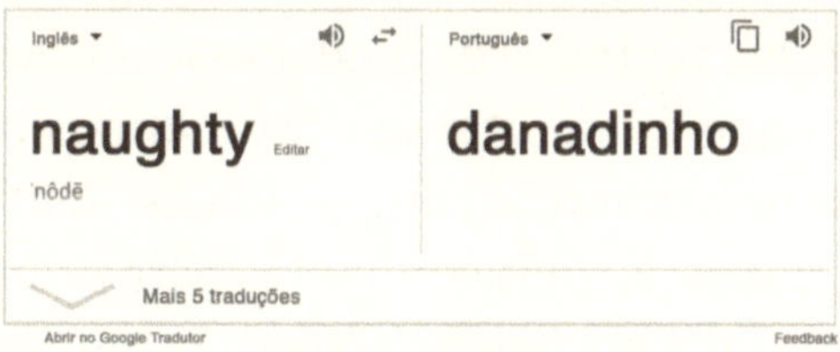

Figura 5: Imagem do Google, mostrando o item lexical pesquisado, o alto-falante para clicar e ouvir sua pronúncia e a tradução ao lado.

3.6. *Drills*

As turmas da rede municipal normalmente são grandes, com 36-40 alunos em sala de aula, o que pode dificultar o desenvolvimento da habilidade oral. Uma atividade que se pode utilizar com frequência são os *drills*, típicos do método audiolingual. Recorra aos *drills* para trabalhar a pronúncia de:

(a) itens lexicais novos;

(b) diálogos;

(c) os processos de *connected speech* (*assimilation*, *elision*, *juncture*, por exemplo) presentes nos diálogos ou nos itens lexicais apresentados;

(d) itens lexicais já apresentados cuja pronúncia ainda não tenha sido internalizada.

Conduza os *drills* com a turma inteira, inicialmente, e depois os intercale com a repetição feita por colunas, por fileiras, somente com meninas, somente com meninos, com alunos escolhidos aleatoriamente, com a turma inteira novamente. Enquanto implementa os *drills*, caminhe pela sala para identificar alunos com dificuldades na pronúncia de algum item lexical.

A repetição em grupo, com a turma toda, por fileiras, somente com as meninas ou só com os meninos, funciona muito bem porque provavelmente ativa o sistema de neurônios espelho e oferece aos alunos a chance de trabalharem/exercitarem os músculos e os articuladores envolvidos em determinada pronúncia, sem expor um aluno específico. Quando a maioria dos alunos já consegue repetir o item com facilidade, solicite que repitam individualmente. Nesse momento, sempre há alunos que repetem com prazer e outros que se recusam a fazê-lo. Na tentativa de mudar esse último quadro, lembre a todos os alunos que é importante trabalharmos os músculos e as partes envolvidas na pronúncia (língua, lábios, dentes etc.) para nos acostumarmos e nos sentirmos confiantes para pronunciar palavras, frases, diálogos na língua adicional. Nosso cérebro precisa executar a mesma tarefa algumas vezes para a automatizarmos. Esse processo aproxima-se da aprendizagem de um *videogame*/jogo de computador: os alunos precisam jogar várias vezes para se acostumarem com:

(a) o botão/a tecla que precisam apertar para obterem determinado efeito;
(b) o reconhecimento dos pontos críticos do jogo;
(c) as estratégias para passarem de fase etc.

Por fim, deixe claro que o erro é parte inerente do processo de aprendizagem. E, se mesmo assim, o aluno não quiser repetir, solicite a outro aluno para fazê-lo.

Utilize diferentes variações de *drills*:

(a) repetição do modelo provido por você ou pelo áudio, para os alunos reconhecerem os fonemas envolvidos e reproduzirem;
(b) repetição do modelo fornecido por você ou pelo áudio com apoio visual da escrita dos itens lexicais (excerto 1);
(c) repetição do modelo fornecido pelo áudio ou por você com apoio visual (imagem do item + escrita) (figura 6);

(d) *prompt* de estímulo visual para os alunos evocarem a palavra/expressão/frase e a pronúncia associada àquela imagem e pronunciarem a palavra/expressão/frase;

(e) *prompt* com estímulo visual (imagem do objeto/local/pessoa + palavra escrita) para os alunos associarem os dois, evocarem o item lexical relacionado com eles e produzirem a pronúncia correta do item;

(f) transformação (transformar frases da afirmativa para negativa, da negativa para interrogativa etc.);

(g) substituição (sujeito, verbo, advérbio de frequência etc.).

O excerto 1 foi extraído da gravação de uma aula do projeto "Do folclore ao *halloween*", cujo foco era trabalhar trava-línguas na língua materna e na adicional, conscientizando os alunos de que um trava-língua em português não será necessariamente um trava-língua em inglês, a língua adicional estudada. Os alunos estavam na sala de leitura, sentados em grupos, de frente para computadores com a lista de *tongue twisters* a ser trabalhada oralmente, tendo, portanto, dois estímulos: o visual (parte escrita) e o auditivo (modelo de pronúncia fornecido por mim).

Excerto 1[2]

106	Ana Paula:	she sells
107	Grupo:	she sells
108	Ana Paula:	sea shells
109	Grupo:	[sea shells]
110	(Alan:) →	[sea shells] by the sea shore
111	Ana Paula:	by the sea shore
112	Grupo:	by the sea shore
113	Ana Paula:	by the sea shore
114	Grupo:	by the sea shore
115	Ana Paula:	let's repeat
116		she sells
117	Grupo:	she sells
118	Ana Paula:	sea shells
119	Grupo:	sea shells
120	Ana Paula:	sea shells
121	Grupo:	sea shells
122	Ana Paula:	by the sea shore
123	Grupo:	by the sea shore
124	Ana Paula:	she sells sea shells by the sea shore ((Ana Paula usa o ritmo normal para falar o trava-língua. Enquanto fala movimenta a mão direita, da direita para a esquerda, marcando o ritmo da fala.))

[2] A primeira coluna do excerto diz respeito ao turno da fala da interação, a segunda coluna refere-se ao detentor do turno da fala e a terceira, ao turno da fala propriamente dito.

125	Grupo:	she sells sea shells by the sea shore ((Alguns dos participantes da fala-em-interação repetem o trava-língua com êxito e outros não. Conforme os participantes repetem o trava-línguas, Ana Paula movimenta sua mão direita para marcar o ritmo da fala dos participantes.))
126	Ana Paula:	she sells
127	Grupo:	she sells
128	Ana Paula:	she sells
129	Grupo:	she sells
130	Ana Paula:	sea shells
131	Grupo:	sea shells
132	Ana Paula:	by the sea shore
133	Grupo:	by the sea shore
134	Ana Paula:	she sells sea shells by the sea shore
135	Grupo:	she sells sea shells by the sea shore
136	Ana Paula:	very good
137	→	now, speak faster
138		vamos falar rápido
139	Grupo:	she sells sea shells by the sea shore=
140	(Paulo):	= by the sea shore
141	Alan: →	caRAca, eu sou muito esperto
142		she sells sea shells by the sea shore ((Ana Paula sorri, balança a cabeça e levanta o polegar em sinal afirmativo na direção de Alan.))

O excerto 1 evidencia a divisão da sentença em três *chunks*, três segmentos, para os alunos praticarem a pronúncia dos *chunks* primeiro (linhas 106-123) e depois a da sentença completa (linha 124). Uma vez que a pronúncia da sentença estava adequada, os alunos foram desafiados a pronunciarem-na mais rápido. Ao perceberem sua capacidade de pronunciar corretamente o *tongue twister*, os alunos se sentiram muito orgulhosos, fato marcado pela fala de Alan, que repete novamente a sentença em velocidade (linhas 141-142). Todas as vezes que se compreendem capazes de pronunciar ou usar a língua adicional nas interações, os discentes se sentem mais motivados para participarem das aulas e arriscarem-se a desenvolver suas habilidades orais da língua adicional.

A figura 6 ilustra uma atividade de repetição[3] realizada com alunos do 6º ano. Eles foram apresentados ao vocabulário de lugares encontrados em uma cidade, retirado de um texto cujas atividades de leitura já tinham sido realizadas. Na atividade, os alunos são estimulados com as imagens dos locais, com a ortografia do item lexical e o modelo de pronúncia fornecido pelo áudio, o que tende a auxiliar na criação de

[3] Atividade disponível na plataforma da Educopédia (www.educopedia.com.br), no link do 6º ano, da disciplina de inglês, do 3º bimestre, *Places around me*, *Lesson 1A* (Atividade 1: *W18 VOCABULARY presentation*).

diferentes conexões cerebrais: o conceito trazido pela imagem do local, a ortografia apresentada pela escrita da palavra por extenso e a pronúncia.

Às vezes, também se pode implementar uma atividade de repetição para conscientizar os alunos da influência do tom de voz, dos sentimentos (alegria, tristeza, raiva etc.) em uma mesma mensagem verbal.

Analisando todas as atividades de repetição realizadas com os discentes, percebe-se que eles geralmente sentem mais dificuldade com a atividade de transformação e a de substituição. Não obstante, a de transformação apresenta grau de dificuldade maior no começo porque os alunos se confundem um pouco com as mudanças ocorridas nas formas afirmativas, negativas e interrogativas; depois de um tempo deixam de classificá-la como de alto nível de dificuldade. Já a de substituição é a mais desafiadora por exigir que estejam atentos ao novo item lexical, reconheçam o item e saibam exatamente qual o seu local de substituição (sujeito, verbo, objeto, advérbio etc.).

3.7. Música

Figura 6: *Drill* contendo associação de som com imagem e de palavra com imagem.

Fonte: Cypriano, 2015: 148

Atividades envolvendo música, além de serem motivadoras para os alunos, contribuem para o desenvolvimento da pronúncia da língua adicional. Esporadicamente pode-se utilizar música ou imprimir ritmo a alguns dos itens lexicais trabalhados. Atividades assim ajudam a desenvolver a noção de ritmo e entoação.

3.8. Gravação

Como precisamos dar atenção à integração das novas tecnologias em sala de aula, procure sugerir atividades nas quais a tecnologia seja usada pelos alunos em prol de seu aprendizado. O *smartphone*, por inúmeras vezes, é um grande distrator em sala de aula; todavia, ele pode se tornar um aliado inestimável do docente e dos discentes para driblar as possíveis dificuldades no desenvolvimento das habilidades orais dos discentes, sendo o recurso de gravação de voz ou de vídeo um dos recursos do celular que pode agregar considerável valor às aulas.

3.8.1. Gravador de voz

No início do ano letivo, revise algumas das *wh-questions* (por exemplo: *What's your name?*; *How are you?*; *Where are you from?*; *How old are you?* etc.) que os alunos do 7° ano tenham aprendido no ano anterior. A atividade de revisão pode trazer indícios de que vários alunos podem não ter internalizado ainda a pronúncia daquelas perguntas. É hora de solicitar aos alunos que peguem seus celulares, abram o aplicativo de gravação de voz para gravarem o modelo, que você proverá para eles, da pronúncia das perguntas. Repita as questões, pelo menos três vezes, em lugares diferentes da sala de aula, para eles obterem uma maior qualidade da gravação, de acordo com o local da sala onde se sentam.

A tarefa dos discentes será ouvir a gravação em casa e treinar a pronúncia das perguntas. Para treinar a pronúncia, os alunos podem gravar a si próprios e comparar sua pronúncia com aquela fornecida como modelo. No momento em que se sentirem satisfeitos com o resultado obtido com sua própria gravação, podem salvá-la e enviá-la pelo Facebook, por mensagem particular ou entregá-la na aula seguinte.

Essa tarefa tem um desdobramento: depois de praticarem as perguntas, os discentes podem se organizar em pares para praticarem os diálogos oriundos das perguntas. Novamente, utilizam o gravador de voz do celular para gravarem os diálogos realizados em pares. Depois os enviam pelo Facebook ou os entregam em sala de aula.

3.8.2. Câmera do celular

Adolescentes comumente são envergonhados e não gostam de se expor na frente de seus pares, com destaque para as meninas. O uso do recurso do vídeo ajuda a diminuir a exposição, porque eles têm a possibilidade de gravar diversas vezes até alcançarem um resultado com que fiquem satisfeitos.

Visto que a língua é usada com propósito comunicativo e que a interação é parte crucial da comunicação, solicite a seus alunos do 8º e do 9º ano para trabalharem em duplas na redação de diálogos usando os conteúdos estudados naquele período. Eles podem recorrer ao conhecimento prévio da língua adicional obtido nos anos anteriores. Depois de prepararem o diálogo, eles o submeterão a avaliação e utilizarão o diálogo corrigido para gravar o vídeo da interação da versão final do diálogo. O vídeo pode ser entregue em sala de aula ou pelo Messenger.

O vídeo produzido pelos pares servirá de termômetro de diferentes fatores, como:

(a) o grau de comprometimento dos discentes;
(b) o desenvolvimento da habilidade oral na língua adicional;
(c) a zona de desenvolvimento proximal dos discentes com relação às estruturas gramaticais, itens lexicais e pronúncia.

3.8.3. Facebook

O Facebook é uma rede social utilizada pela maioria dos alunos. Levando a grande adesão dos alunos em consideração, você pode implementar uma atividade com o uso do celular e do Facebook.

No caso de minha turma, depois da revisão de rotinas feita pelos alunos do 8º ano, solicitei que tirassem fotos de atividades diárias deles para depois as postarem com as respectivas frases escritas no Facebook. Na época, o Facebook tinha acabado de acrescentar o recurso de enviar mensagens por gravação de voz. Aproveitei a novidade e solicitei que, além das fotos e das frases, eles gravassem seus textos utilizando o recurso de voz e postassem o resultado no Facebook (figura 7). Eles poderiam postar o trabalho na minha linha do tempo ou postar em uma mensagem particular. A maioria optou por enviar o trabalho por mensagem, o que comprovou ser essa a melhor opção para fins de avaliação, já que a postagem deles na minha linha do tempo acabaria se perdendo no meio de outras postagens.

Figura 7: Texto escrito e gravação de voz sobre a rotina do final de semana de um discente.

4. Considerações finais

Devido ao grande número de alunos normalmente presentes em turmas regulares do segundo segmento do ensino fundamental, imagina-se ser impossível implementar atividades com vistas ao desenvolvimento da habilidade da fala na língua adicional. Contudo, o presente trabalho demonstra, sem intenção prescritiva, que, com a ajuda das novas tecnologias e a realização de atividades como *drills*, música, marcação do *stress*, por exemplo, há a possibilidade de focar na pronúncia e na oralidade.

Apesar deste estudo ter sido desenvolvido na disciplina de inglês, as atividades apresentadas podem ser adaptadas e utilizadas nas aulas de espanhol, francês ou qualquer outra língua adicional. Ademais, alguns alunos que inicialmente tendem a resistir a participar de atividades envolvendo a oralidade, tão logo se percebam capazes de usar a língua adicional, geralmente, engajam-se nas atividades, sentindo-se orgulhosos de suas conquistas.

CAPÍTULO 8

Entoação: atividades didático-metodológicas para a educação básica

Maristela da Silva Pinto
Leticia Rebollo Couto
Carolina Gomes da Silva

Segundo Cortés (2002), a fonologia se divide em fonemática e prosódia. A fonemática estuda os fonemas; já a prosódia estuda o ritmo, a acentuação, a entoação e os demais atributos correlatos na fala. Neste capítulo, nos deteremos especificamente na entoação e em como trabalhá-la nas aulas de espanhol na educação básica. As atividades podem ser adaptadas a outras línguas estrangeiras.

Ainda que nosso objetivo seja propor atividades didático-metodológicas, é sempre relevante relembrar o conceito de entoação e suas funções, conceitos chave para a realização das atividades.

A entoação é o movimento melódico com o qual se pronunciam os enunciados e, foneticamente, constitui a soma de um conjunto de variações, como a frequência fundamental (F0), a duração e a intensidade do som. A frequência fundamental (F0) representa o contorno melódico propriamente dito, é o principal parâmetro acústico a ser observado na análise da entoação e se mede em hertz (Hz).

As variações de F0, intensidade e duração se dão no entonema ou contorno entonativo (curva melódica traçada no grupo fônico) que, segundo Navarro Tomás (1944), pode se fragmentar em três partes, a saber: inflexão inicial, corpo e inflexão final, sendo nesta última, normalmente, a parte na qual se encontram as diferenças de entoação. A depender da modalidade, atitude e área dialetal a que pertence, o falante pode realizá-lo com contorno final ascendente, descendente, circunflexo ou suspensivo.

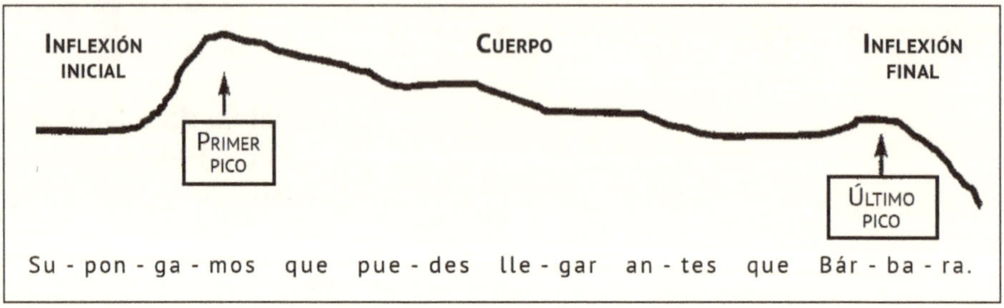

Figura extraída de Maximiano Cortés (2002).

Para Quilis (2010), a entoação desempenha três importantes funções:

(i) a linguística, que determina a modalidade de um enunciado, ou seja, se ele é uma afirmação ou uma pergunta, por exemplo;

(ii) a expressiva, que se refere a situações relacionadas às intenções discursivas de um falante, ou seja, está relacionada a questões pragmáticas;

(iii) a sociolinguística, que se refere a variedades regionais, à faixa etária, ao sexo ou mesmo a características próprias da fala de cada indivíduo.

1. A função linguística da entoação

Na língua espanhola, assim como em português, francês, inglês etc., cabe oralmente à entoação diferenciar um enunciado assertivo de um enunciado interrogativo. Um enunciado assertivo é aquele em que se afirma algo (por exemplo: *Estudo espanhol.*); já um enunciado interrogativo é aquele com que se pretende perguntar algo. Os interrogativos se dividem em totais, parciais e disjuntivos. Os totais são aqueles que se respondem com sim ou não (por exemplo: *Você estuda espanhol?*); os parciais são aqueles que apresentam na pergunta um morfema interrogativo, tais como: que, quando, por que, qual, onde... (por exemplo: *Onde você estuda espanhol?*); e os disjuntivos são aqueles que apresentam duas opções de resposta para o interlocutor e, com isso, obrigatoriamente, o uso da conjunção "ou" (por exemplo: *Você estuda espanhol ou inglês?*). Cada modalidade apresenta uma entoação específica, porém essa entoação pode variar a depender da área a que pertence o falante, como se pode ver a seguir[1]:

Declarativa

Variedade	Notação	Curva melódica
Madri/Cantábria	L*L%	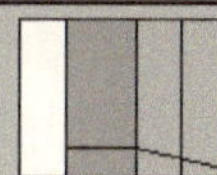
Cidade do México/Mérida	L*L%	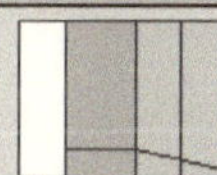
Buenos Aires/Neuquén	H+L*L%	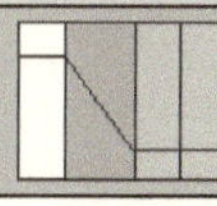

Interrogativa total

Variedade	Notação	Curva melódica
Madrid/Cantabria	L*HH%	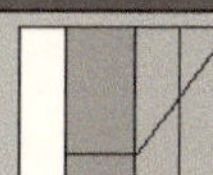
Cidade do México/Mérida	L*LH%	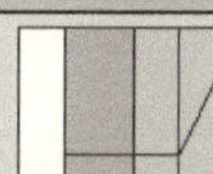
Buenos Aires/Neuquén	L+¡H*HL%	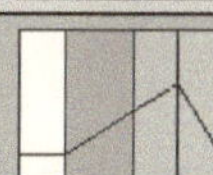

[1] A fim de facilitar a leitura das figuras extraídas do *Atlas interactivo de la entonación del español* cabe dizer: "L" corresponde ao tom baixo (em queda); "H", ao tom alto (subida); o diacrítico "*" marca a sílaba tônica do vocábulo; o diacrítico "+", o tom de juntura; o diacrítico "%", o tom de fronteira; o diacrítico "!" significa escalonamento. A figura que apresenta a curva melódica estilizada marca o comportamento das sílabas pretônicas, tônicas e pós-tônicas, sendo a parte branca referente ao comportamento melódico da sílaba pretônica, o cinza mais escuro referente ao da sílaba tônica e, por fim, o mais claro referente à sílaba pós-tônica.

Escolhemos aleatoriamente essas três variedades apenas para exemplificar, mas há estudos acerca de cada variedade dialetal da língua espanhola.

2. A função expressiva da entoação

Segundo Quilis (1999), a entoação é um dos mais importantes aspectos prosódicos da expressão afetiva do discurso. Pietro *et al.* (2008) apresentam em seus estudos uma entoação diferente para cada enunciado neutro ou com uma atitude específica e descrevem algumas atitudes: assertiva contrastiva, quando o falante afirma algo ou responde algo de forma enfática/contrastiva/corretiva; interrogativa total confirmativa, quando se pretende confirmar o que se está afirmando. Elas também variam a depender da área a que o falante pertence, como se pode ver a seguir:

Declarativa, Madri

Modalidade	Enunciado	Notação	Curva melódica
Assertiva neutra	Bebe una limonada.	L*L%	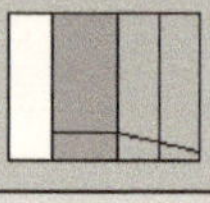
Contrastiva	A.: Quiero un kilo de limones. B.: ¿De naranjas? A.: No, de limones.	L+H*L%	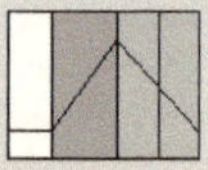

Cidade do México

Modalidade	Enunciado	Notação	Curva melódica
Asertiva neutra	Ana tomó limonada.	L*L%	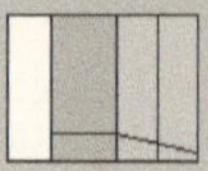
Contrastiva	A.: Quiero un kilo de limones. B.: ¿De naranjas? A.: No, de limones.	L+H*L%	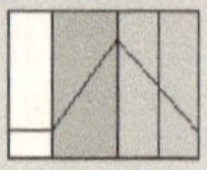

Buenos Aires

Modalidade	Enunciado	Notação	Curva melódica
Asertiva neutra	Está comiendo mandarinas.	H+L*L%	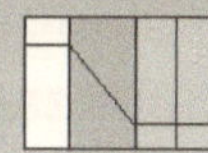
Contrastiva 1	No. ¡Naranjas!	L+¡H*L%	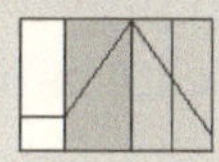

Interrogativas Totais, Madrid

Modalidade	Enunciado	Notação	Curva melódica
Interrogativa total neutra	¿Tiene mermelada?	L*HH%	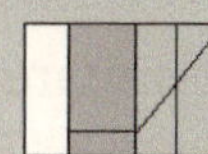
Pergunta confirmativa	¿Tienes frío?	H+L*L%	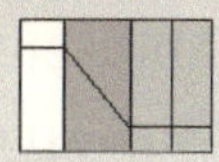

Cidade do México

Modalidade	Enunciado	Notação	Curva melódica
Interrogativa total neutra	¿Tienes mermelada?	L*LH%	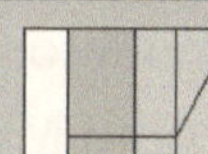
Pergunta confirmativa	¿Entonces sí vienes a cenar?	L*HH%	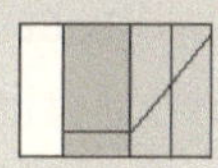

Buenos Aires

Modalidade	Enunciado	Notação	Curva melódica
Interrogativa total neutra	¿Tiene mandarinas?	L+¡H*HL%	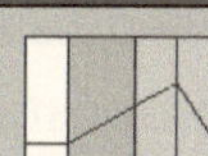
Pergunta confirmativa	Juan, ¿venís a cenar esta noche?	L+¡H*HL%	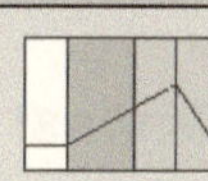

A entoação é uma característica prosódica chave na comunicação, já que é a partir desse traço que o falante exprime sua intenção comunicativa e distingue modalidades. No entanto, como afirma

Cortés (2002), trata-se de um dos aspectos mais difíceis de aprender em um idioma estrangeiro e segue sendo um dos aspectos mais desatendidos no processo de ensino-aprendizagem de ELE. A fim de minimizar essa lacuna, proporemos algumas atividades didático-metodológicas que têm como pilar principal a entoação.

Neste capítulo, proporemos quatro blocos de atividades didático-metodológicas:

(i) propostas de atividades que usam como recurso o *Atlas interativo da entoação do espanhol*, Prieto *et al.* (2008), ferramenta disponível online: (https://bit.ly/352Iwuh). Este atlas disponibiliza dados comparáveis em diferentes variedades do espanhol, organizadas por países, áreas dialetais geográficas ou contato linguístico. Apresenta dados de áudio (fala representada em questionários e fala espontânea em *maptasks*) e dados audiovisuais (fala espontânea em entrevistas). Nosso objetivo é apresentar essa ferramenta importante e gratuita e ampliar o leque de possibilidades de aplicações da entoação em práticas de ensino na educação básica.

(ii) modelos de atividades extraídas de autores renomados na área, como Maximiano Cortés (2002).

(iii) proposta de atividade pautada numa metodologia de descrição e didatização da entoação, criada por Pinto (2013), aplicada em alunos da educação básica e da superior e comprovada nas monografias de orientandos de iniciação científica da UFRRJ, junto ao grupo de pesquisa Varius (Variação e Uso) em seu projeto de pesquisa ProSELE (prosódia, segmentos e ensino de ELE).

(iv) propostas de atividades aplicadas por nós.

3. Práticas!

Segundo Gil (2007), o professor deve, por princípio e na medida de suas possibilidades, favorecer a familiarização do aluno desde o primeiro dia, mediante registros "autênticos" tomados de muitos e variados falantes nativos, assim como pressionar sempre os estudantes para que se esforcem em empregar a língua a que se dedicam em suas conversações e atividades fora do âmbito da sala de aula. Sendo assim, vamos praticar?!

(1) Actividades de entonación, *corpus* de Prieto et al. (2008).

(1.1) Oye los enunciados leídos por hablantes de diferentes variedades, transcríbelos grafemáticamente, di su modalidad, identifica a qué variedad pertenece el hablante y atribúyele un acento tonal nuclear:

(a) T. G.:__________________________________

(b) Modalidad: ______________________________

(c) Variedad: _______________________________

(d) Acento tonal nuclear: _______________________

(1.2.) Oye los enunciados, transcríbelos grafemáticamente, di la actitud y la variedad de los hablantes en los enunciados abajo:

(a) T. G.:__________________________________

(b) Actitud proposicional: ______________________

(c) Variedad: _______________________________

(2) Actividades de entonación, según Maximiano Cortés Moreno (2002)

(2.1) Primero debes leer estos enunciados en silencio, elegir uno de cada número y después decirlos sin mirar el papel. Los otros deben escucharte atentamente, señalar la modalidad que tú le atribuiste a dicho enunciado y la variedad que representaste.

- 1- Ya ha llegado. 1- ¡Ya ha llegado! 1- ¿Ya ha llegado?
- 2- No le gusta. 2- ¡No le gusta! 2- ¿No le gusta?
- 3- No entiende español. 3-¡No entiende español! 3- ¿No entiende español?
- 4- Tiene fiebre. 4- ¡Tiene fiebre! 4- ¿Tiene fiebre?
- 5- Es que no trabaja. 5- ¡Es que no trabaja! 5- ¿Es que no trabaja?
- 6- No hay examen. 6- ¡No hay examen! 6- ¿No hay examen?
- 7- Está nevando en Málaga. 7- ¡Está nevando en Málaga! 7- ¿Está nevando en Málaga?
- 8- Es que ella es su hija. 8- ¡Es que ella es su hija! 8- ¿Es que ella es su hija?
- 9- Prefiere el pollo. 9- ¡Prefiere el pollo! 9- ¿Prefiere el pollo?
- 10- Ella aún no lo sabe. 10- ¡Ella aún no lo sabe! 10- ¿Ella aún no lo sabe?

(3) Atividade pautada em uma metodologia de descrição e didatização da entoação de variedades do espanhol, a partir da metacognição, idealizada e aplicada na educação básica e superior por Pinto (2013).

Mas o que vem a ser essa metodologia?

Tal metodologia cumpre cinco etapas, a saber: (1) conscientização por parte do aprendiz da transferência de sua língua materna (LM) para a língua estrangeira alvo (LEA); (2) descrição do contorno entonativo de enunciados de diferentes modalidades, atitudes e variedades em espanhol/LM; (3) percepção; (4) repetição mimética, através da repetição de enunciados; (5) produção oral calcada na atenção.

(3.1) Selecionar áudios ou vídeos "autênticos", com temas histórico-sociais hispânicos, de diferentes áreas dialetais e de gêneros diversos. Escolher um, levá-lo para sala de aula e exibi-lo aos alunos. Após ouvi-lo ou vê-lo e ouvi-lo, propor aos alunos perguntas de compreensão oral que busquem informações explícitas, implícitas, de inferência e uma de proposta de produção oral, a fim de que eles realizem um enunciado interrogativo total, por exemplo. Conforme estudos de Lado (1957), Flege (2002), Akerberg (2002) e Pinto (2009), os aprendizes de ELE transferem aspectos da língua materna para a língua estrangeira alvo. Uma vez produzido esse enunciado com o padrão entonativo específico de sua língua materna e não da língua estrangeira alvo, cabe ao professor **conscientizar** seu aluno dessa transferência, que pode gerar problemas na comunicação. Uma vez conscientizado, o professor deve **descrever** o contorno entonativo da modalidade produzida pelo aluno na variedade apresentada no vídeo ou áudio trabalhado em aula. Após a descrição, repassar o vídeo ou o áudio a fim de que o aprendiz **perceba** a realização do contorno. Em seguida, colocar o áudio e pedir que o aprendiz o **repita**. Repetir o procedimento umas três vezes. Por fim, pedir que o aprendiz crie uma situação comunicativa acerca da temática discutida em sala, via áudio ou vídeo, **produzindo, com atenção**, a modalidade e na área por nós treinada em aula.

(4) Atividades realizadas em nossa prática docente.
Apresentaremos as atividades por grau de dificuldade/exigência e objetivos:

(4.1) **Nível de dificuldade/exigência:** Baixo, pois foca na reprodução por repetição.
Objetivo: Requerer do falante-aprendiz a mera reprodução dos sons explícitos nos textos e dos contornos entonativos percebidos por este.
Peça aos alunos que...

(4.1.1) Ouçam e repitam, por blocos, vocábulos, enunciados, fragmentos de um texto oral "autêntico".
(4.1.2) Realizem a leitura de "trabalenguas" em voz alta.
(4.1.3) Leiam em voz alta um texto curto qualquer.
(4.1.4) No formato de um karaokê, cantem a trilha sonora de um filme.
(4.1.5) Após a exibição de um telejornal, imitem as falas dos jornalistas.

(4.2) **Nível de dificuldade/exigência:** Médio, pois requer interação mediada. **Objetivo:** Exigir do falante-aprendiz a produção de sons e contornos entonativos que não estão explícitos, mas que podem estar próximos do literal, que partem de algo concreto, sem requerer muita complexidade do pensamento. Peça aos alunos que:

(4.2.1) Respondam perguntas sobre sua vida ou assuntos da atualidade focando questões de países em que se fala o espanhol, numa espécie de entrevista/bate-papo, entre professor e alunos ou entre alunos.

(4.2.2) Descrevam em voz alta uma cena, a partir da visualização de imagens apresentadas pelo professor.

(4.2.3) Após a exibição de um filme, em português, selecionem uma cena e proponham um texto para legendagem e futura dublagem. A seguir, devem oralizar o texto proposto dublando a cena selecionada.

(4.2.4) Apresentem seminários. A apresentação oral é feita a partir de textos lidos e discutidos em aula, em função de material coletado e organizado pelos próprios aprendizes.

(4.3) **Nível de dificuldade/exigência:** Difícil, pois requer construção do discurso. **Objetivo**: Incitar o falante-aprendiz a articular suas experiências, os sons e os contornos entonativos, requerendo a construção de pensamentos mais complexos, a partir de julgamentos lógicos sobre as situações propostas. Peça aos alunos que:

(4.3.1) Produzam seu próprio telejornal e o apresentem a toda comunidade estudantil.

(4.3.2) Criem, em conjunto, o roteiro de um curta-metragem e o produzam.

(4.3.3) Encenem, para a comunidade estudantil, uma peça idealizada pelos próprios alunos, a partir de temas da atualidade.

(4.3.4) Explanem/argumentem, em aula, junto aos colegas de turma, sobre um tema transversal, podendo-se criar, inclusive, um minitribunal.

Para o falante-aprendiz tornar-se capaz de reproduzir, posteriormente produzir e, por fim, construir vocábulos, enunciados, textos, em suma, seu discurso, com a articulação e os contornos entonativos esperados na língua estrangeira alvo (LEA), é imprescindível o professor descrever anteriormente como os sons se articulam na LEA e como se entoam seus enunciados a depender da modalidade, da atitude proposicional e da variedade dialetal do "nativo".

Cabe dizer aos alunos que sempre tenham atenção ao que lhes foi descrito no momento de se expressarem oralmente, visto que, segundo Fortkamp (2000), toda produção oral em LE deve ser calcada na atenção. Essa proposta da demanda atencional de Fortkamp (2000) é pautada no modelo de Levelt (1989), segundo o qual a produção oral requer, pelo menos, três estágios:

(i) conceitualização — planejamento da mensagem;

(ii) formulação — codificação formal da mensagem, abrangendo léxico, gramática e fonologia;

(iii) articulação — concretização da fala.

Fortkamp (2000) sinaliza que, no caso da LM, o primeiro estágio requer atenção, já os demais são automatizados. Por outro lado, no caso da LE, a demanda atencional se estende aos três estágios. Isso se deve ao fato de o aprendiz de uma LE ter de buscar na memória elementos do léxico que possuam traços semânticos compatíveis com o conceito da mensagem; depois ter de raciocinar para organizar a sentença e ordenar seus constituintes de acordo com a ordem da língua (sempre um conhecimento novo e não velho) e, por fim, ter de dispensar atenção à produção e articulação dos sons e à formulação das palavras e suas funções na sentença. A "atenção" no processo de produção da LE é muito maior do que no da LM, uma vez que o falante nativo já desenvolveu habilidades sociocognitivas em sua língua desde pequeno.

Desse modo, reiteramos a importância da sistematização no processo de ensino-aprendizagem da produção oral em LE.

4. Conclusões

Uma vez que a entoação diferencia modalidades, estamos diante de um dos mais importantes aspectos prosódicos da expressão afetiva do discurso, que varia de área dialetal para área dialetal e, por conta disso, quando não produzida com o padrão esperado pelo interlocutor, pode gerar problemas na comunicação e, consequentemente, na inteligibilidade. Defendemos a inserção do ensino da entoação nas aulas de ELE, com possível ampliação para o ensino de outras línguas.

CAPÍTULO 9

Exercícios práticos de pronúncia

José Ricardo Dordron de Pinho
Beatriz Gama Rodrigues
Glauce Gomes de Oliveira Cabral

Este capítulo tem por objetivo apresentar exercícios práticos para o aprimoramento da pronúncia em línguas estrangeiras, tanto em nível segmental quanto prosódico. Antes, porém, discutiremos alguns tópicos, ainda que não exaustivamente, a fim de levar os professores a uma reflexão sobre o papel da pronúncia. Os temas são os seguintes:

(i) a importância do trabalho com a pronúncia em sala de aula;
(ii) o momento em que ela deve ser ensinada;
(iii) a ordem em que devem ser trabalhados os aspectos segmental e prosódico;
(iv) a prática da pronúncia apenas após a audição;
(v) o foco no ensino de pronúncia (no uso ou na forma).
(vi) Atividades para a prática da pronúncia.

1. É importante trabalhar pronúncia?

A pronúncia é um elemento que deve ser efetivamente trabalhado para se obter uma comunicação efetiva. O desenvolvimento da competência fonológica pode contribuir para o desempenho nas habilidades de compreensão e de expressão oral, por se tratar de uma peça-chave para a competência comunicativa em língua estrangeira (uma pronúncia inteligível). Oliveira e Kauark (2011: 197) afirmam: para chegar à plenitude da comunicação oral, ou seja, a uma competência comunicativa global, faz-se necessária a soma de todas as competências parciais, o que inclui o desenvolvimento da competência fonético-fonológica. Eles citam inclusive o Marco Comum Europeu de Referência para as Línguas (p. 198), onde se afirma que "a competência comunicativa surge como uma soma de outras competências", todas de igual importância e necessidade, entre as quais se inclui a competência fonético-fonológica. Inclui-se ainda uma competência ortoépica, o que reforça a importância da questão da pronúncia.

Iruela (2007: 2), também baseando-se no Marco de Referência Europeu para a Aprendizagem, o Ensino e a Avaliação de Línguas (2002), afirma que uma língua é usada, ao menos, para quatro tipos de atividades:

(a) **expressão** — produzir enunciados linguísticos, sem interação do ouvinte ou leitor com o emissor;
(b) **compreensão** — recepção dos enunciados;
(c) **interação** — comunicação entre dois falantes, pelo menos, que se alternam como emissor e receptor;
(d) **mediação** — fazer com que algo se torne compreensível para alguém que não o compreende (ex.: tradução).

Todas as quatro atividades podem se dar tanto na língua oral quanto na escrita; se a pronúncia pode ser entendida "como a habilidade de produzir e perceber elementos fônicos", estará presente em qualquer uma das atividades em nível oral.

Uma anedota é apresentada por Lima Júnior (2010: 751) para ilustrar uma possível situação frustrante (e até constrangedora) provocada por um problema de pronúncia: em "I saw a sheep in the farm", ao se substituir /i:/ por /i/, a referência a uma ovelha passa a ser feita a um navio (na fazenda!!!).

O que se busca é uma pronúncia inteligível, não a pronúncia do nativo. Como diz Souza (2009: 34), o ensino da pronúncia se deve a uma tentativa de “desenvolver nos alunos a habilidade de pronúncia suficiente para uma comunicação efetiva”. De forma complementar, Paiva (2012: 145) afirma: “O foco do ensino de pronúncia deve ser a busca por uma pronúncia clara e compreensível, o que implica trabalhar mais alguns aspectos do que outros, como os sons que, se mal pronunciados, podem gerar mal-entendidos”. Em síntese, o que se busca é uma pronúncia **inteligível**, que permita produções mais efetivas e claras.

Nesse contexto, poderíamos citar como exemplo as seguintes situações no caso do ensino de espanhol para brasileiros: as vogais nasais do espanhol são menos nasalizadas do que as do português; porém, se o falante de português nasalizar em espanhol como em português, ainda que os falantes de espanhol achem a pronúncia “estranha”, isso não afetará a comunicação. Por outro lado, as diferentes realizações fonéticas do fonema /t/ em português, [t] e [tʃ], constituem fonemas em espanhol: /t/ e /tʃ/. É necessária muita atenção nesse caso, pois a pronúncia de um som no lugar do outro poderá acarretar problemas de compreensão. Assim, o segundo caso exige mais atenção do professor do que o primeiro.

2. Quando ensinar pronúncia?

Apesar de sua importância na comunicação, as atividades de pronúncia costumam ser ignoradas em sala de aula. Quando estão presentes, são mais comuns nos níveis iniciais e vão escasseando conforme aumenta o nível de estudos. Aurrecoechea (2009) o constata na análise de algumas coleções didáticas: as atividades de pronúncia vão diminuindo em frequência conforme os estudantes vão avançando, na suposição de já terem atingido maior domínio desse aspecto.

Lamentando a total ausência ou a reduzida presença de um trabalho com a pronúncia em sala de aula, vemos em Souza (2009: 42): “Bollela (2002) ressalta que apesar de a pronúncia, como componente da comunicação oral, estar recebendo uma atenção cada vez maior na literatura sobre ensino de línguas, os livros didáticos, em sua maioria, não refletem esse interesse". As atividades apresentadas estão voltadas para a fala ou para a compreensão auditiva, não para a pronúncia propriamente dita.

Para alguns autores, entre os quais se encontra Souza (2009: 33), o trabalho com a pronúncia deve estar presente desde o primeiro momento nas aulas de línguas estrangeiras, visto se tratar de "um componente a ser desenvolvido juntamente com a produção e a compreensão orais para uma comunicação satisfatória na língua-alvo (L-alvo)". A autora se baseia no argumento de Cagliari (1978), para quem "é fundamental que antes de aprender a escrever, o aluno passe por exercícios fonéticos de produção (*performance*) e reconhecimento (*ear-training*) dos sons da língua a ser estudada". Cagliari considera fundamental o aluno ser exposto a um treinamento para falar corretamente e desenvolver a consciência do que e de como diz: "O aluno precisa ter um autocontrole fonético crítico para pronunciar de maneira satisfatória os sons da língua que aprende". Vale ressaltar aqui a importância que alguns métodos atribuem à pronúncia, tais como o audiovisual, em que escuta e pronúncia acurada são trabalhadas antes mesmo da construção do significado, e o método do silêncio, em que se observa um trabalho exaustivo em contraste de sílabas.

Nem todos pensam dessa forma, porém. Para Silveira (2008), a aquisição da pronúncia é um passo importante para a desestrangeirização dos estudantes, mas ela afirma que o momento de tal ensino depende da língua estrangeira (LE) e da língua materna (LM) dos aprendizes. Se se trata de línguas de distanciamento, ela propõe tal trabalho a partir do nível intermediário. Já em casos de línguas próximas (ela cita o par português-espanhol), esse trabalho deve ser iniciado já nos primeiros contatos, por ser possível entender e fazer-se entender desde o início. Com um trabalho efetivo com a pronúncia desde o início, evita-se a fossilização articulatória.

Em nossa opinião, o trabalho com a pronúncia deve ser iniciado juntamente com outros aspectos da língua, pela sua importância na comunicação (os motivos expostos no item 1 deste capítulo).

3. Os níveis segmental e prosódico devem ser trabalhados em momentos independentes ou simultâneos?

Dois níveis devem ser considerados ao se falar em pronúncia: o segmental e o prosódico. O nível segmental corresponde aos sons individuais, que se sucedem na cadeia da fala; já o nível prosódico corresponde às características que atuam sobre os segmentos, ao enunciado como um todo.

Ambos os níveis, sem dúvida, devem ser trabalhados, uma vez que podem levar a problemas na comunicação. Em nível segmental, apresentamos alguns desses possíveis problemas:

(1) a produção de um som da língua materna que simplesmente não existe na língua estrangeira (um som acusticamente inexistente): a realização fricativa [β] do fonema espanhol /b/, em hispânicos que estejam aprendendo português;

(2) a produção de um som que desempenhe um valor fonológico diferente entre as línguas em questão: a oposição fonológica /l/ x /r/ existente em português não existe em japonês; assim, falantes de japonês, ao falarem português, tendem a produzir o mesmo som ([r]) nos dois casos: a[r]o (aro) e po[r]onês (polonês). Paiva (2012: 136) apresenta outra influência da língua materna que nativos de japonês tendem a levar para as línguas estrangeiras: como nessa língua todas as palavras terminam em vogais, eles tendem a adicionar vogais no final de palavras, como [u]. O exemplo da autora, no inglês, é a pronúncia [buku] para *book*.

Os problemas podem se dar tanto em nível fonológico quanto fonético. Bueno Hudson (2013: 18) cita, para o primeiro caso, a pronúncia "es una Gasa verde", com o uso do fonema /g/ em lugar de /k/. Para o nível fonético, o exemplo é "ese [d]e[d]o", uma realização oclusiva onde os nativos produziriam um som fricativo ("ese [δ]e[δ]o").

Passando para o nível prosódico, que engloba a entoação, o acento e o ritmo, os exemplos de problemas de comunicação também são abundantes: Paiva (2012: 135) cita Kenworthy (1997: 19), para quem a entoação assume grande importância na expressão de emoções;

dependendo do padrão utilizado, um mesmo enunciado pode ser entendido como uma sugestão, uma ordem, uma repreensão ou uma pergunta. Celce-Murcia, Brinton e Goodwin (1996: 131) comentam: "O uso inadequado de contornos entonacionais pode fazer com que o falante pareça rude".

Quanto ao acento, Paiva (2012: 136) também observa: "Muitas vezes, a mudança da acentuação acontece em função da interferência da língua materna. No português, por exemplo, as palavras paroxítonas são mais comuns do que as proparoxítonas, como no inglês". Assim, brasileiros tendem a pronunciar "deVELopment" e "conTRIbute" como "deveLOpment" e "contriBUte". A autora cita novamente Kenworthy (1997:18): "Experimentos têm demonstrado que, geralmente, quando um nativo não ouve direito uma palavra dita por um estrangeiro é porque ele colocou o acento no lugar errado, e não porque não pronunciou direito o som da palavra". O exemplo dado é a troca de acento da primeira para a segunda sílaba em 'written'; isso poderia gerar um som semelhante a 'retain', o que geraria a incompreensão por parte do ouvinte.

Em sala de aula, é fundamental incluir atividades para a prática dos dois níveis de pronúncia, o segmental e o prosódico. Bueno Hudson (2013: 18) apresenta dois enfoques a partir dos quais se podem desenvolver atividades de pronúncia:

(1) o enfoque do menor para o maior: vogais – ditongos – tritongos – sequências de vogais em contato – consoantes – grupos consonânticos – acento – entoação;

(2) o enfoque do maior para o menor: entoação e ritmo – sons individuais.

Após a análise de algumas coleções didáticas, Aurrecoechea (2009: 35) verificou que as atividades dedicadas à pronúncia privilegiam os sons individuais, ou seja, trata-se de um enfoque *bottom-up*, do particular para o geral, e não um modelo *top-down*, do geral para o particular.

Nas referidas coleções, os aspectos suprassegmentais ocupam uma posição secundária. Em geral, o nível prosódico tende a ser completamente negligenciado e o segmental, quando abordado, é visto de maneira superficial. Quando os dois níveis são trabalhados, é comum os sons individuais serem apresentados primeiro. Porém, considerando-se a atual perspectiva comunicativa, seria mais lógico o oposto; as pesquisas desenvolvidas na área comprovam que o ideal seria começar pelo nível prosódico e, depois, passar para o nível segmental. Existem, pelo menos, dois argumentos a favor dessa ideia:

(1) ao adquirirem sua língua materna, as crianças adquirem primeiro o nível prosódico, ou seja, esse nível é desenvolvido quando elas ainda apresentam dificuldades segmentais;

(2) pequenos problemas segmentais podem passar despercebidos ou, mesmo percebidos, não apresentarem maiores problemas de comunicação devido ao contexto.

O nível mais importante costuma ser completamente ignorado. Numa tentativa de melhoria das atuais propostas, mas sem romper radicalmente com elas, sugerimos que, pelo menos, os dois níveis sejam trabalhados simultaneamente desde o início.

4. Ouvir para falar?

As atividades de pronúncia trazem contribuições tanto para a compreensão quanto para a produção oral. Naturalmente, as atividades de compreensão, ou de tipo receptivo, devem ser realizadas primeiro, para ajudar o aluno "a reconhecer e assimilar as diferentes características da língua" (Aurrecoechea, 2009: 40). Só depois se deve passar às atividades de produção, uma vez que não é possível produzir o que não se conhece — o aluno precisa ser capaz de discriminar os novos aspectos da língua para poder reproduzi-los.

Assim também pensa Cagliari (1978 *apud* Souza, 2009: 39), para quem a aquisição de uma boa pronúncia exige um treinamento fonético prévio de reconhecimento e de produção dos sons da língua. Para ele, na primeira fase de treinamento, não deve haver preocupação de ensinar a língua em si. As noções de fonologia devem estar presentes desde o início da aprendizagem até que o aluno saiba controlar a pronúncia adequadamente.

Considerando especificamente a fase de audição, verificamos, em Kenworthy (1987 *apud* Souza, 2009: 41), que "muitos dos problemas dos alunos serão de percepção, ou seja, eles não terão a mínima consciência de que o som que estão ouvindo ou produzindo não é o mesmo som que os falantes nativos produzem". As pessoas tendem a ouvir os sons com base nos de sua língua materna. Como cada língua possui conjuntos distintivos de categorias, parte do processo de aprendizado dos sons da língua estrangeira é aprender quais deles são significantes. A partir daí, Lima Júnior (2010: 760) afirma: "Exercícios de percepção são importantes como primeira fase da aula porque, enquanto não há conhecimento do som, as palavras da L2 com sons que não existem na L1 serão ouvidas pelos aprendizes com os sons da L1"[1].

Alguns alunos não se importam com a questão da pronúncia; isso se deve ao fato de que "não se deram conta de que a maneira com que eles falam pode levar seu ouvinte a ter dificuldades de compreendê-los" (Souza, 2009: 39). Dessa forma, Kenworthy (1987 *apud* Souza, 2009: 39) sugere que os professores devem "ajudar os alunos a ouvir", isto é, a perceber os sons, pela tendência de ouvir os sons da LE como se estivessem ouvindo os de sua língua materna; também devem ajudar os alunos a "produzir os sons", já que alguns sons da LM dos estudantes não ocorrem em outras línguas e, às vezes, "os alunos não serão capazes de imitar o novo som".

Silveira (2008: 37) concorda com Kenworthy quando diz que deve ser dada ao aprendiz "a consciência de suas dificuldades de pronúncia". Tal situação se impõe pelo fato de os estudantes, em geral, acreditarem que estão pronunciando como os falantes nativos da língua que estão estudando. A autora propõe que se apresentem gravações aos alunos com a pronúncia de falantes nativos e que eles tentem reproduzir o mesmo texto, após fazerem marcações

[1] Certos autores estabelecem diferenças entre os conceitos de LE e de L2. Neste capítulo, porém, utilizamos os termos como sinônimos, em oposição ao conceito de LM ou L1.

na escrita que indiquem a pronúncia dos sons. Gravar os alunos é um passo importante, para que, em seguida, confrontem-se ambas as pronúncias. Assim, os estudantes identificarão suas dificuldades.

Para Padilla García (2007: 874), os estudantes de uma LE têm uma espécie de surdez, pois interpretam os sons da LE pelo crivo de sua LM. Tal deficiência auditiva não é física, é antes uma "negativa do cérebro a ouvir aquilo para o qual não foi treinado". Esse fenômeno recebeu o nome de surdez fonológica. Se não reconhecer os sons da LE, o estudante enfrentará dificuldades para avançar em outros aspectos, como a gramática e o léxico, além de, obviamente, em todos os aspectos relacionados com as destrezas orais.

Padilla García (2007: 879) também considera que as primeiras aulas devem estar voltadas para o reconhecimento, só depois para a produção: "Quando adquirimos definitivamente a língua materna, nosso cérebro se nega a ouvir os sons de outras línguas". É preciso treiná-lo para esse fim, da mesma forma que as crianças adquirem a LM: partindo dos elementos prosódicos para a posterior aprendizagem dos sons individuais. Padilla García (2007: 880) sugere, então, como exercícios para o treinamento perceptivo atividades como diálogos ou pequenas peças teatrais que mudem de significado em função de valores expressivos ou pragmáticos.

Para ajudar no treinamento produtivo, Padilla García (2009: 881-884) apresenta três elementos:

(1) Recursos proporcionados pela língua:

* A tensão é o esforço muscular necessário para articular um som linguístico; é obtida mantendo-se a contração dos músculos em determinada posição. Como a tensão é maior no começo de palavra, o som específico a ser trabalhado deve ser exposto nessa posição.

* Fonética combinatória: as palavras não devem ser escolhidas ao acaso; devem ser escolhidas combinações de sons que ajudem o aluno a produzi-las. Para produzir a velar [x], na parte posterior da boca, devem-se usar as vogais posteriores [o], [u], só mais tarde as anteriores [e], [i].

(2) Fazer e deixar de fazer determinadas coisas:

Fazer: o falante de espanhol produz [s] e [z], mas não tem consciência; ao aprender português, precisa aprender a ouvir este som para poder produzi-lo.

Deixar de fazer: o falante de inglês, em espanhol, deve deixar de fazer certas aspirações das oclusivas em posição inicial de palavra; já o brasileiro deve evitar certas nasalizações.

(3) Comparar a L1 e a L2 para obter um conjunto de possíveis erros:

* É necessário confrontar os sistemas das duas línguas para obter o conjunto de possíveis erros (sistema prévio de problemas).

Para Matute Martínez (2005: 470), no campo da articulação, a maior parte das dificuldades se deve à transferência de hábitos articulatórios da L1. Para a produção (p. 472), a prática estrutural de repetição, imitação e leitura forma hábitos e é útil porque permite a análise da estrutura fônica da L2, seja de forma consciente ou inconsciente. A autora compara os estudantes de línguas estrangeiras a falantes nativos com dislalia funcional, ou seja, que omitem alguns sons, e, assim, sugere exercícios (p. 473): os sons devem ser trabalhados em progressão contextual — prática isolada, sílaba, texto, fala espontânea; convém visualizar a posição dos órgãos articulatórios, se possível com espelhos; não são utilizadas gravações nesta etapa, nem a escrita.

Concluímos esta seção com um comentário de Bueno Hudson (2013: 18), para quem "o docente, pela relevância dos erros, deve decidir como proceder em cada caso". O autor sugere algumas estratégias: imitação, demonstração, associação, explicação, métodos articulatórios, pares mínimos, audição e imitação e o sistema verbo-tonal.

5. O trabalho com a pronúncia: foco no uso ou na forma?

A pronúncia, inúmeras vezes, recebeu pouca atenção nas aulas de línguas estrangeiras. No caso do enfoque comunicativo, isso se deveu à visão de que a pronúncia se adquiriria "através da interação dos alunos com o professor ou com os falantes do seu entorno linguístico" (Padilla García, 2007: 872), ou seja, o aluno, exposto à língua, iria internalizando seu sistema fonético-fonológico. Numa visão oposta, porém, Skehan (1998 *apud* Romanelli, 2009: 75-76) afirma que a atenção na comunicação não é suficiente para o aluno conseguir internalizar as estruturas linguísticas ensinadas. É necessário apresentar atividades de conscientização ou sensibilização linguística, que envolvem o aluno de maneira ativa, pois ele, de outra forma, talvez não note as estruturas linguísticas. Para Skehan, a atenção do estudante na comunicação não é suficiente para que ele internalize as estruturas linguísticas ensinadas.

Para Bauer e Alves (2011: 296), a instrução explícita é mais do que a sistematização formal do sistema da língua; seria o "conjunto de procedimentos de ensino que visam enfatizar, revisar ou chamar a atenção dos alunos para aspectos específicos da língua-alvo, uma vez que tais aspectos tendem a permanecer despercebidos pelos aprendizes".

Todas essas posições nos permitem mensurar a importância de exercícios para a prática da pronúncia. Como dizem Aquino e Haupt (2014: 303), "a percepção focalizada dos sons durante a aula é um exercício que permite desenvolver outra característica da língua, a melhora no desempenho. A repetição de sons torna a articulação mais automática, possibilitando maior precisão na produção fonética". O domínio dos sons a serem produzidos, sem dúvida, trará benefícios para a comunicação.

Os exercícios de pronúncia podem estar centrados no uso ou na forma. No primeiro caso, com as práticas centradas no uso, o objetivo é levar o aluno a usar a língua oral de forma comunicativa; Aquino e Haupt (2014: 306) citam um exemplo desse tipo de atividade: o uso, em inglês, de MAN ou MEN, ou seja, "como se referir a um homem ou a um conjunto de homens executando uma ação". Essas atividades são chamadas de tarefas comunicativas por Nunan (1989: 10 *apud* Paiva, 2012: 125), que as define como "uma parte do trabalho com a segunda língua em sala de aula que envolve os alunos na compreensão, manipulação, produção ou interação, focando sua atenção no sentido ao invés de na forma". A língua é tratada efetivamente como comunicativa, ou seja, serve para se fazer algo, como informar, dar instruções ou comparar.

No caso de atividades centradas na forma da língua, o objetivo é realmente conhecer as características do sistema fônico. Zanón (1995 *apud* Romanelli, 2009: 76) as chama de tarefas pedagógicas facilitadoras: são atividades que não propõem uma prática comunicativa, como as com pares mínimos ou as de repetição de palavras isoladas para o trabalho com determinados sons, mas capacitam os alunos para aquela prática.

As atividades centradas na pronúncia receberam muitas críticas, por se considerar que não levavam a uma comunicação efetiva. No entanto, elas podem contribuir para que o aluno progrida na competência linguística; o importante é que professores e alunos saibam que tais atividades não constituem um fim em si mesmas, mas são uma preparação para futuras situações reais.

Segundo Romanelli (2009), para atingir as habilidades de compreensão e expressão oral, o ensino da pronúncia/o desenvolvimento da competência fonológica é fundamental se o que se espera é uma comunicação de sucesso na L2/LE. Para tanto, ela propõe o ensino de pronúncia não de maneira isolada, mas integrado à prática das habilidades orais, tanto a compreensão quanto a expressão. Isso a leva à proposta do enfoque por tarefas, que permite focar a atenção na forma E no significado. Para tanto, ela apresenta atividades para desenvolver antes, durante e depois das tarefas comunicativas. É importante frisar que as atividades se seguem, todas relacionadas entre si.

Na fase de pré-tarefa, as atividades "servem para introduzir, reformular, mobilizar, reciclar novas estruturas ou conteúdos já adquiridos" (Romanelli, 2009: 80). São atividades de caráter indutivo ou dedutivo, de conscientização e de compreensão geral. A fase da tarefa propriamente dita tem como objetivo, a partir de uma série de opções metodológicas, modificar o estresse comunicativo "sob o qual os estudantes realizam as tarefas" (p. 80). Como exemplo, citam-se limites de tempo e o fator surpresa. Já na fase de pós-tarefa, as atividades "têm como objetivo levar a atenção gradualmente para aspectos formais sem comprometer o valor comunicativo da tarefa" (p. 80).

Nas propostas de Romanelli (2009), as atividades de pronúncia levam os estudantes a refletir sobre o assunto. Não se trata apenas de atividades de repetir, mas um momento para pensar no que se diz. É o que se vê, por exemplo, em Romanelli (2009: 88-89): atividades voltadas para a pronúncia numa aula de espanhol para falantes de inglês:

"(7) Reflexioná sobre la pronunciación de estas palabras:

Inglés	Español
Bu***tt***er	Ba***t***e
Be***tt***y	Be***t***y
Ca***dd***ie	Ca***d***a
Ju***d***y	Ju***d***ith

(a) ¿Cómo pronunciás la /t/ y la /d/ **entre vocales** en inglés?
(b) ¿Y la /t/ y la /d/ **entre vocales** en español?
Completá la regla de pronunciación según corresponda con /d/, /t/, /r/ o /rr/:

En español,
- la letra "t" se pronuncia siempre / /.
- la letra "d" se pronuncia siempre / /.
- la letra "r" al comienzo de palabra o las letras "rr" en posición media de palabra se pronuncian / /.
- la letra "r" entre vocales se pronuncia siempre / /.

Recordá que la /r/ de *pero* es similar a la /t/ de *butter* porque está **entre vocales**".

Existe uma tensão constante entre ambas as práticas (atividades centradas na forma ou no uso) conforme Iruela (2007b). Porém, o grande objetivo das aulas de pronúncia é capacitar o aluno a usar "a competência fônica da L2 de uma forma eficiente em situações reais de comunicação". Tais visões não devem ser vistas como excludentes, mas como complementares. O que se deve buscar é a integração equilibrada entre ambas.

6. Exercícios para a prática da pronúncia

Esta última seção apresenta propostas de atividades para a prática da pronúncia. Todas elas se baseiam em atividades sugeridas por Bueno Hudson (2013), Gil Fernández (2007), Gonzalo e Romero (2002) e Valmaseda (1993). As atividades aqui apresentadas são destinadas a brasileiros que aprendem espanhol; no entanto, são facilmente adaptáveis às línguas estrangeiras em geral.

Pelos motivos expostos na seção 3, começamos com propostas para o nível prosódico.

(I) Para desenvolver uma tomada de consciência nos estudantes (fazê-los perceber que as línguas também se caracterizam pelos elementos prosódicos), realizar uma caracterização da base articulatória, levando-os a ouvir palavras que têm a mesma pronúncia do ponto de vista segmental, mas que apresentam, evidentemente, diferenças prosódicas, independentemente de terem o mesmo significado ou não:
- mala/mala
- cometa/cometa
- oi/hoy
- aqui/aquí

(II) Listar palavras que se escrevem da mesma forma, mas com sílabas tônicas diferentes, e pronunciá-las, a fim de perceber que usar outra língua não se trata apenas de aprender um novo léxico:
- pântano/pantano
- limite/límite
- têxtil/textil

(III) Escutar grupos de palavras e identificar qual delas possui sílaba tônica diferente:
- mesa/comida/atrás
- aquí/siempre/partir
- ventana/rápida/pájaros

(IV) Ouvir a leitura de uma frase e identificar de qual contorno melódico se vale (se correspondente a um enunciado assertivo, interrogativo ou exclamativo):

– Es Isabel.
– ¿Es Isabel?
– ¡Es Isabel!

– Hoy es domingo.
– ¿Hoy es domingo?
– ¡Hoy es domingo!

– Están en casa.
– ¿Están en casa?
– ¡Están en casa!

(V) Muito semelhante ao exercício anterior, mas voltado para a produção, ler frases com os diferentes contornos melódicos (enunciados assertivos, interrogativos e exclamativos):

– Tiene 4 hijos.
– ¿Tiene 4 hijos?
– ¡Tiene 4 hijos!

– Sabe alemán.
– ¿Sabe alemán?
– ¡Sabe alemán!

– Trabaja lejos de casa.
– ¿Trabaja lejos de casa?
– ¡Trabaja lejos de casa!

(VI) Fazer perguntas que exijam como resposta uma série de palavras organizadas em forma de listas, a fim de adquirir uma característica do perfil entonativo:

– ¿Qué frutas compraste en la feria?
– ¿Qué asignaturas estudias este año?
– ¿Qué hay en tu mochila?

(VII) Ler uma mesma frase com sentimentos diferentes, para perceber e produzir os diferentes significados transmitidos pela entoação:

– Se llama Diego (aborrecido, sonolento, feliz, indiferente...).

Antes de passar às propostas de atividades para o nível segmental, é preciso pensar na seleção de palavras usadas como exemplo, nas contribuições de outras áreas do conhecimento e nos níveis de atividades para a prática dos sons.

Quanto à seleção de palavras a serem utilizadas, Padilla García (2007) sugere um trabalho com a articulação dos sons que remete à fonética combinatória. As palavras a serem usadas como exemplo não devem ser escolhidas casualmente, mas a partir das combinações de sons mais adequadas para auxiliar a produção por parte do aluno. O som [x], por exemplo, é posterior; é conveniente, portanto, que as primeiras palavras apresentadas com ele contenham sons posteriores também, como [o] e [u], e só posteriormente os sons anteriores ([e] e [i]). Por essa lógica, deveriam ser listadas, primeiramente, palavras como *jota*, *joven*, *conjunto* e *jueves* e, depois, *gente*, *gitano*, *jefe* e *ají*.

Para alcançar os objetivos propostos, também é possível levar em consideração o que dizem outras áreas do saber. Matute Martínez (2005) sugere que se tomem emprestadas algumas técnicas utilizadas por fonoaudiólogos no tratamento de falantes dislálicos, isto é, falantes que omitem, substituem ou distorcem alguns sons. Ainda que os estudantes de língua estrangeira não tenham dislalia, podem apresentar problemas fonético-fonológicos semelhantes. Por isso, os sons devem ser apresentados em progressão contextual, primeiramente de forma isolada e direta, passando por uma maneira dirigida, da sílaba ao texto e, por fim, à fala espontânea.

Para tal proposta, a posição dos órgãos articulatórios deve ser visualizada com espelhos, sem gravações, a partir de sugestões facilitadoras da articulação: para a pronúncia do [a], imaginar que se está segurando um ovo com os lábios; para a pronúncia do [i], sorrir durante a pronúncia; para a pronúncia do "b" fricativo, fingir que se está apagando uma vela ou esfriando uma bebida quente; para a prática do [x], imaginar que se está gargarejando.

Sobre as atividades em si, Aurrecoechea (2009) apresenta quatro tipos de atividades gerais para a prática dos sons nas aulas de línguas estrangeiras:
(a) discriminação;
(b) reflexão;
(c) repetição;
(d) explicação teórica.

As atividades de discriminação estão voltadas para permitir aos estudantes diferenciarem um fonema no interior de uma palavra (*pera - perra*), uma frase a partir de seu padrão entonativo (*Ha llegado. / ¿Ha llegado? / ¡Ha llegado!*) ou a sílaba tônica da palavra (*término / termino / terminó*) — as duas últimas de nível prosódico. Já as atividades de reflexão estão destinadas a contribuir para que os estudantes cheguem a conclusões: *Nessas palavras, o* ***b*** *e o* ***v*** *representam a mesma pronúncia? Qual seria a regra?*.

Quanto às atividades de repetição, basta levar os estudantes a repetirem algo a partir de um dado modelo (exercícios do tipo "Escute e repita"). Por fim, as atividades de explicação teórica apresentam diretamente as regras (entre vogais, a pronúncia da letra B se realiza...).

A seguir, apresentamos propostas relativas ao nível segmental.

(I) Escutar e repetir pares de palavras que constituem pares mínimos (pares mínimos são palavras que têm seu significado alterado por conta de apenas um fonema).
— Ramón/jamón
— ruego/juego
— resto/gesto
— rota/jota
— morro/mojo
— barra/baja

— lazo/lado
— mozo/modo
— ceja/deja

– moza/moda
– venzo/vendo

– loro/lloro
– talar/tallar
– vale/valle
– ala/halla
– velo/vello

(II) Escutar duas palavras que constituem um par mínimo e numerá-las segundo a ordem em que as escutem:

( ) vino	( ) fino
( ) ve	( ) fe
( ) boca	( ) foca
( ) enroló	( ) enrolló
( ) calar	( ) callar
( ) Alá	( ) allá
( ) pelo	( ) perro
( ) loba	( ) roba
( ) lavo	( ) rabo

(III) Escutar frases cuja única diferença seja uma palavra (oposição por pares mínimos) para identificar qual enunciado foi dito:
– Duda demasiado.
– Dura demasiado.
– Le falló el codo.
– Le falló el coro.
– No es todo importante.
– No es toro importante.

(IV) Ouvir uma pergunta e considerar qual é a resposta correta, para a prática contextualizada de pares mínimos:
– ¿Está en la mesa?
– ¿Está en la misa?

Escolher entre as respostas:
– Sí, lo dejé ahí.
– Sí, va a la iglesia con frecuencia.

– ¿Qué es SANO?
– ¿Qué es SENO?

Escolher entre as respostas:
– Es lo mismo que saludable.
– Es la mama de la mujer.

(V) Escutar pares de palavras e identificar se são iguais ou diferentes.
– amor/amar
– correr/coger
– cajetilla/cajetilla

(VI) Escutar três palavras e identificar qual delas é diferente das outras duas, que se repetem:
– curioso/curioso/furioso
– pasó/paso/paso (neste caso, tratase de um exemplo em nível prosódico)
– más/mes/más

(VII) Escutar uma palavra e, em uma lista com duas, identificar qual foi pronunciada:
– bala/bola
– casa/mala
– amar/hallar

(VIII) Ler grupos de palavras para perceber como se constituem novas sílabas:
– antes y después
– español u holandés
– tren en movimiento

(IX) Ouvir e repetir trava-línguas, com a repetição do som que se quer trabalhar:
En esta calle vive,
vive y vivía
la novia de mi novio,
contraria mía.
Y yo me río
de ver que ella ha tomado
desechos míos.

El perrito de Rita me irrita.
Si el perrito de Rita te irrita,
dile a Rita que cambie el perrito
por una perrita.

Me han dicho que has dicho un dicho
un dicho que he dicho yo;
ese dicho que te han dicho,
que dicen que he dicho yo,
ese dicho no lo he dicho
pero si lo hubiese dicho
ese dicho estaría bien dicho
por haberlo dicho yo.

(X) Praticar um som específico: a partir de determinado som presente no nome de alguém, trabalhar esse som numa espécie de lista com características da pessoa descrita (também é possível pedir que os estudantes indiquem os dados):
[x] Esta es Geli. Solo le gustan las cosas que contienen el sonido [x].

Dónde vive – Jerez
Color favorito – rojo
Trabajo – ejecutiva
Comida favorita – mejillones
Bebida favorita – ginebra
Prendas de vestir – traje
Aficiones – viajar
Animal de compañía – jirafa

(XI) Identificar o nome oculto a partir de sons que se repetem

1	2	3	4
poco	toda	quien	sobre
rápido	hasta	roca	metro
puente	mano	cual	caso
tropa	día	kilo	ostra

Nombre oculto: Paco

Concluímos o capítulo lembrando que o professor, conhecedor da realidade de seus alunos, é quem poderá determinar que tipos de atividades são mais adequadas à sua prática, identificando os sons que devem ser trabalhados e em que momento.

Referências

AGUILAR, L. (2000). La entonación. In: ALCOBA, S. (org.). *La expresión oral.* Barcelona: Ariel.

ALLWRIGHT, D. (1991). *The Death of the Method.* Artigo para a plenária da SGAV Conference. Carleton University: Ottawa.

ALVES, U.; MAGRO, V. (2011). Raising Awareness of L2 Phonology: Explicit Instruction and the Acquisition of Aspirated /p/ by Brazilian Portuguese Speakers. In: *Letras de Hoje*, v. 46, n. 3, p. 71-80.

AQUINO, N. R. M.; HAUPT, C. (2014). O livro didático no ensino de língua estrangeira: atividades de pronúncia. In: *Soletras*, n. 27. Disponível em: https://bityli.com/uUqdj. Acesso em: 11 jan. 2022.

AURRECOECHEA MONTENEGRO, E. (2009). La pronunciación: su tratamiento en el aula E/LE. In: *Red electrónica de didáctica del español como lengua extranjera*. Biblioteca número 10. Primer semestre. Disponível em: https://bityli.com/vwECm. Acesso em: 11 jan. 2022.

BARBER, C. L. (1967). *The Story of Language.* London: Pan Books/The Chaucer Press.

BARBOSA, J. R. (2010). Nem britânico, nem americano: o ensino da pronúncia do inglês como língua internacional. In: *Revista de Letras*, Sergipe, v. 30, n. 1/4, p. 82-92.

BASE Nacional Comum Curricular (BNCC) dos ensinos infantil e fundamental é aprovada, 2017a. Disponível em: https://glo.bo/318gdK1. Acesso em: 11 jan. 2022.

BAUER, D. A.; ALVES, U. K. (2011). O ensino comunicativo de pronúncia nas aulas de inglês (L2) para aprendizes brasileiros: análise de um livro didático. In: *Revista Linguagem & Ensino*, v. 14, n. 2. Disponível em: https://bityli.com/vpOvp. Acesso em: 11 jan. 2022.

BECKNER, C. *et al.* (2009). Language is a Complex Adaptive System: Position Paper. In: *Language Learning*, v. 59, supl. 1, p. 1-26.

BIALYSTOK, E. (1978). A Theoretical Model of Second Language Learning. In: *Language Learning*, v. 28, n. 1, p. 69-83.

BOERSMA, P.; WEENINK, D. *Praat* (1993-2020). Disponível em: http://www.fon.hum.uva.nl/praat/. Acesso em: 11 jan. 2022.

BOHN, H. I. (2009). O método "soberano" para o ensino e aprendizagem de língua inglesa. In: LIMA, D. C. de (org.). *Ensino e aprendizagem de língua inglesa.* São Paulo: Parábola Editorial, p. 169-178.

BONGAERTS, T. *et al.* (1997). Age and Ultimate Attainment in the Pronunciation of a Foreign Language. In: *Studies in Second Language Acquisition*, v. 19, n. 4, p. 447-465.

BONGAERTS, T. (1999). Ultimate Attainment in L2 Pronunciation: The Case of Very Advanced Late L2 Learners. In: BIRDSONG, D. (org.). *Second Language Acquisition and the Critical Period Hypothesis.* Mahwah: Lawrence Erlbaum Associates, p. 133-159.

BONGAERTS, T.; PLANKEN, B.; SCHILS, E. (1995). Can Late Starters Attain a Native Accent in a Foreign Language? A Test of the Critical Period Hypothesis. In: SINGLETON, D. M.; LENGYEL, Z. (orgs.). *The Age Factor in Second Language Acquisition.* Clevedon: Multilingual Matters, p. 30-50.

BRASIL. Base Nacional Comum Curricular. 2ª versão revista. Disponível em: https://bit.ly/3dswFd5. Acesso em: 11 jan. 2022.

BRASIL. Ministério da Educação. *Novo Ensino Médio: perguntas e respostas*. Brasília: MEC, *online*. Disponível em: https://bit.ly/3jTxTjM. Acesso em: 11 jan. 2022.

BRASIL. Ministério da Educação. *Base Nacional Comum Curricular*. Brasília: MEC, 2018a. Disponível em: https://bit.ly/3nQj7g8. Acesso em: 11 jan. 2022.

BRASIL. Ministério da Educação. Câmara de Educação Básica do Conselho Nacional de Educação. *Resolução n. 3, de 21 de novembro de 2018*. Dispõe sobre a atualização das Diretrizes Curriculares Nacionais para o Ensino Médio. Brasília: Conselho Nacional de Educação/Câmara de Educação básica, 2018b. Disponível em: https://bit.ly/33XrI8L. Acesso em: 11 jan. 2022.

BRASIL. Ministério da Educação. *Lei de Diretrizes e Bases da Educação*. Lei nº 9394, de 20 de dezembro de 1996. Brasília: MEC, 1996. Disponível em: https://bit.ly/2Fwg0ss. Acesso em: 11 jan. 2022.

BRASIL. Ministério da Educação. *Parâmetros Curriculares Nacionais* – Terceiro e Quarto Ciclos do Ensino Fundamental: Língua Estrangeira. Brasília: MEC, 1998. Disponível em: https://bit.ly/2H0MMCy. Acesso em: 11 jan. 2022.

BRASIL. Ministério da Educação. *Parâmetros Curriculares Nacionais* – Ensino Médio: Língua Estrangeira. Brasília: MEC, 2000. Disponível em: https://bit.ly/2IvGjQH. Acesso em: 11 jan. 2022.

BRASIL. *Parâmetros Curriculares Nacionais* – terceiro e quarto ciclos do ensino fundamental: Língua Estrangeira. Brasília: MEC/SEF, 1998.

BRASIL. Secretaria Geral da Presidência da República. *Lei nº 13.415, de 16 de fevereiro de 2017*. Dispõe sobre alterações na LDB/1996. Brasília, 2017b. Disponível em: https://bit.ly/315Y0wK. Acesso em: 11 jan. 2022.

BRASIL. Senado Federal. *Lei de Diretrizes e Bases da Educação Nacional*. Brasília, 2005. Disponível em: https://bit.ly/3lIofRy. Acesso em: 11 jan. 2022.

BRAWERMAN-ALBINI, A. (2012). *Os efeitos de um treinamento de percepção na aquisição do padrão acentual pré-proparoxítono da língua inglesa por estudantes brasileiros*. Curitiba: Universidade Federal do Paraná.

BUENO HUDSON, R. (2013). Propuestas para la enseñanza de la pronunciación y corrección fonética en español como lengua extranjera. In: *Actas del I Congreso Internacional de Español como Lengua Extranjera*. Instituto Cervantes de Budapest. Disponível em: https://bit.ly/2HcShxJ. Acesso em: 11 jan. 2022.

CABAÑERO, M. B.; ALVES, U. K. (2008). A transferência grafo-fônico-fonológica na produção de sequências ortográficas 'ng' do inglês (L2): uma abordagem conexionista. In: *ReVEL*, v. 6, n. 11.

CAMERON, L.; LARSEN-FREEMAN, D. (2007). Complex Systems and Applied Linguistics. In: *International Journal of Applied Linguistics*, v. 17, n. 2, p. 226-239.

CELCE-MURCIA, M.; BRINTON, D. M.; GOODWIN, J. M. (1996). *Teaching Pronunciation*: A Reference for Teachers of English to Speakers of Other Languages. Cambridge: Cambridge University Press.

CELCE-MURCIA, M.; BRINTON, D. M.; GOODWIN, J. M. (2010). *Teaching Pronunciation*: A Course Book and Reference Guide. 2nd. ed. Cambridge: Cambridge University Press.

CELCE-MURCIA, M.; BRINTON, D. M.; GOODWIN, J. M. (2011). *Teaching Pronunciation*: A Reference for Teachers of English to Speakers of Other Languages. New York: Cambridge University Press.

CHAUÍ, M. (2004). *Convite à filosofia*. São Paulo: Ática.

CHOMSKY, N. (1986). *Knowledge of Language*. Its Nature, Origin and Use. New York: Praeger Publishers.

CORTÉS, M. M. (2002). *Didáctica de la prosodia del español*: la acentuación y la entonación. Madrid: Edinumen.

CORTÉS, M. M. (2001). *Didáctica de la prosodia del español: la acentuación y la entonación.* Colección Lengua Extranjera 4. Edinumen: Madrid.

CRYSTAL, D. (2005). *A revolução da linguagem*. Rio de Janeiro: Jorge Zahar.

CYPRIANO, A. P. T. M. S. (2014). *Aprendizagem de uma língua adicional sob a perspectiva da neurociência.* Monografia (Especialização em Neurociências Aplicadas à Educação) – Rio de Janeiro: Universidade Federal do Rio de Janeiro.

CYPRIANO, A. P. T. M. S. (2015). *Interação, autonomia e mediação tecnológica no ensino-aprendizagem de inglês como língua adicional.* Tese (Doutorado em Estudos de Linguagem) – Niterói: Universidade Federal Fluminense.

DA SILVA, V. R. (2011). Aspectos prioritários para o ensino de línguas estrangeiras nas escolas modernas. In: *Revista Philologus*, v. 17, p. 230-241.

DAVIES, A. (2008). The Native Speaker in Applied Linguistics. In: DAVIES, A.; ELDER, C. (orgs.). *The Handbook of Applied Linguistics*. Oxford: Blackwell Publishing, p. 431-450.

DE BOT, K. (2008). Introduction: Second Language Development as a Dynamic Process. In: *The Modern Language Journal*, v. 92, n. 2, p. 166-178.

DE BOT, K.; LOWIE, W.; VERSPOOR, M. (2007). A Dynamic Systems Theory Approach to Second Language Acquisition. In: *Bilingualism Language and Cognition*, v. 10, n. 1, p. 7.

DEKEYSER, R. (2003). Implicit and Explicit Learning. In: DOUGHTY, C. J.; LONG, M. H. (orgs.). *The Handbook of Second Language Acquisition*. Oxford, MA; Victoria: Blackwell Publishing, p. 313-348.

DERWING, T. M.; MUNRO, M. J. (1997). Accent, Intelligibility, and Comprehensibility. In: *Studies in Second Language Acquisition*, v. 19, n. 1, p. 1-16.

DERWING, T. M.; MUNRO, M. J. (2005). Second Language Accent and Pronunciation Teaching: A Research-based Approach. In: *Tesol Quarterly*, v. 39, n. 3, p. 379-397.

DOUGHTY, C. J. (2003). Instructed SLA: Constraints, Compensation, and Enhancement. In: DOUGHTY, C. J.; LONG, M. H. (orgs.). *The Handbook of Second Language Acquisition*. Oxford, MA, Victoria: Blackwell Publishing, p. 256-310.

ELLIS, N. C. (2008a). Usage-based and Form-focused Language Acquisition: The Associative Learning of Constructions, Learned Attention, and the Limited L2 Endstate. In: ROBINSON, P.; ELLIS, N. C. (orgs.). *Handbook of Cognitive Linguistics and Second Language Acquisition*. New York: Routledge, p. 90-125.

ELLIS, R. (2008b). *The Study of Second Language Acquisition*. Oxford: Oxford University Press.

ELLIS, R. (2008c). Explicit Form-focused Instruction and Second Language Acquisition. In: SPOLSKY, B.; HULT, F. M. (orgs.). *The Handbook of Educational Linguistics*. Oxford, Massachusetts, Victoria: Blackwell Publishing, p. 437-455.

ELLIS, R. (2001). *Form-focused Instruction and Second Language Learning*. Oxford: Oxford University Press.

ESTEBAS VILAPLANA, E.; PRIETO, P. (2008). La notación prosódica del español: una revisión del Sp_ ToBI. In: *Estudios de fonética experimental XVII*. Barcelona: Laboratorio de Fonética de la Universidad de Barcelona.

FIGUEIREDO, N. dos S. (2011). *Análise da entoação em atitudes proposicionais de enunciados assertivos e interrogativos totais do espanhol argentino*: nas variedades de Buenos Aires e Córdoba. Dissertação de Mestrado em Letras Neolatinas. Rio de Janeiro: UFRJ/FL. Disponível em: https://bit.ly/2GWr42A. Acesso em: 14 out. 2020.

FLEGE, J. E. (1999). Age of Learning and Second Language Speech. In: BIRDSONG, D. (org.). *Second Language Acquisition and the Critical Period Hypothesis*. Mahwah: Lawrence Erlbaum Associates, p. 101-131.

FLEGE, J. E. (1995). *Second Language Speech Learning*: Theory, Findings, and Problems. In: STRANGE, W. (org.). *Speech Perception and Linguistic Experience*: Issues in Cross-Language Research. Baltimore: York Press, p. 233-277.

FÓNAGY, I. (1993). As funções modais da entoação. Trad.: J. A. de Moraes. In: *Cadernos de Estudos Linguísticos*, v. 25. Campinas: UNICAMP.

FORTKAMP, M. (2000). *Working Memory Capacity and L2 Speech Production:* An Exploratory Study. Tese de Doutorado – Florianópolis: UFSC.

GARCIA, R. R.; ZAMORANO, F.; ALBOITIZ, F. (2014). From Imitation to Meaning: Circuit Plasticity and the Acquisition of a Conventionalized Semantics. In: *Frontiers in Human Neuroscience*, v. 8, art. 605, p. 1-11. Disponível em: https://bityli.com/vpWqX. Acesso em: 11 jan. 2022.

GASS, S. M.; SELINKER, L. (2008). *Second Language Acquisition*: An Introductory Course. Hillsdale: L. Erlbaum Associates.

GERMAIN, C. (1993). *Evolution de l'enseignement des langues:* 500 ans d'histoire. Paris: Clé International.

GIL FERNÁNDEZ, J. (2007). *Fonética para profesores de español*: de la teoría a la práctica. Madrid: Arco Libros.

GIROUX, H. (2007). *The Giroux Reader*. London: Paradigm Publishers.

GONZALO HERMOSO, A.; ROMERO DUEÑAS, C. (2002). *Fonética, entonación y ortografía*. Madrid: Edelsa.

GRADDOL, D. (2006). *English Next*: Why Global English May Mean the End of "English as a Foreign Language". Plymouth: British Council.

GRANZOTTI, R. B. G. *et al.* (2013). Memória de trabalho fonológica e consciência fonológica em crianças com dificuldade de aprendizagem. In: *Distúrb Comun*, São Paulo, n. 25, v. 2, p. 241-252. Disponível em: https://bit.ly/3dv9m1Z. Acesso em: 11 jan. 2022.

HALLIDAY, M. A. K.; McINTOSH, A.; STREVENS, P. (1974). *As ciências linguísticas e o ensino de línguas*. Petrópolis: Vozes.

HYMES, D. H. (1972). On Communicative Competence. In: PRIDE, J. B.; HOLMES, J. (orgs.). *Sociolinguistics*. Selected Readings. Harmondsworth: Penguin, p. 269-293.

IRUELA GUERRERO, A. (2007). ¿Qué es la pronunciación? In: *redELE — Revista electrónica de didáctica del español como lengua wxtranjera*, n. 9. Disponível em: https://bityli.com/DcTKg. Acesso em: 11 jan. 2022.

IRUELA GUERRERO, A. (2007b). Principios didácticos para enseñanza de la pronunciación en lenguas extranjeras. In: *marcoele Revista de Didáctica Español Lengua Extranjera*, n. 4. Disponível em: https://bit.ly/3nS76GZ. Acesso em: 11 jan. 2022.

JORDÃO, C. M. (2013). Abordagem comunicativa, pedagogia crítica e letramento crítico — farinhas do mesmo saco? In: ROCHA, C. H.; MACIEL, R. F. (orgs.). *Língua Estrangeira e formação cidadã*: por entre práticas e discursos. Campinas: Pontes.

KACHRU, B. B. (1985). Standards, Codification, and Sociolinguistic Realism: The English Language in the Outer Circle. In: QUIRK, R.; WIDDOWSON, H. G. (orgs.). *English in the World: Teaching and Learning the Language and Literatures*. Cambridge: CUP, p. 241-269.

QUIRK, R.; NELSON, C. L. (1996). World Englishes. In: McKAY, S. L.; HORNBERGER, N. H. (orgs.). *Sociolinguistics and Language Teaching.* New York: CUP, p.73-102.

KANDEL, E. R. *et al.* (2013). *Principles of Neural Science*. 5ª ed. New York: McGraw-Hill.

KELLY, G. (2006). *How to Teach Pronunciation*. London: Pearson Education.

KRASHEN, S. (1981/1982). *Principles and Practice in Second Language Acquisition*. Oxford: Pergamon Press.

KRESS, Gunther (2007). *Literacy in the New Media Age*. London-New York: Routledge.

KRETZSCHMAR JR., W. A. (2010). Language Variation and Complex Systems. In: *American Speech*, v. 85, n. 3. University of Georgia: American Dialect Society, p. 263-286.

KUHL, P. K.; TSAO, F.-M.; LIU, H.-M. (2010). Brain Mechanisms in Early Language Acquisition. In: *Neuron*, v. 67, n. 5, p. 713-727. Disponível em: https://bit.ly/2IAboCM. Acesso em: 11 jan. 2022.

KUHL, P. K.; TSAO, F.-M.; LIU, H.-M. (2009). Early Language Acquisition: Neural Substrates and Theoretical Models. In: GAZZANIGA, M. S. *The Cognitive Neurosciences*. 4ª ed. Massachusetts: The MIT Press, p. 837-854. Disponível em: https://bit.ly/34Ze7x2. Acesso em: 11 jan. 2022.

KUHL, P. K.; TSAO, F.-M.; LIU, H.-M. (2003). Foreign-language Experience in Infancy: Effects of Short-term Exposure and Social Interaction on Phonetic Learning. In: *PNAS*, v. 100, n. 15, p. 9.096-9.101. Disponível em: https://bit.ly/341A935. Acesso em: 11 jan. 2022.

KUMARAVADIVELU, B. (2003). *Beyond Methods*: Macrostrategies for Language Teaching. New Haven and London: Yale University Press.

KUMARAVADIVELU, B. (2006). TESOL Methods: Changing Tracks, Challenging Trends. In: *Tesol Quarterly*, Virginia, v. 40, n. 1, p. 59-81, mar. Disponível em: bit.ly/KUMARAVADIVELU. Acesso em: 11 jan. 2022.

KUMARAVADIVELU, B. (2008). *Understanding Language Teaching*: from Method to Post-method. New Jersey: Taylor & Francis e-library.

LADO, R. (1957). *Linguistics Across Cultures*: Applied Linguistics for Language Teachers. Ann Arbor: University of Michigan Press.

LARSEN-FREEMAN, D. (1997). Chaos/Complexity Science and Second Language Acquisition. In: *Applied Linguistics*, v. 18, n. 2, p. 141-165.

LARSEN-FREEMAN, D. (2010). *Techniques and Principles in Language Teaching.* 2ª ed. Oxford: Oxford University Press.

LEVELT, W. J. M. (1989). *Speaking*: From Intention to Articulation. Cambridge, MA: MIT Press.

LEVIS, J. (2018). *Intelligibility, Oral Communication, and the Teaching of Pronunciation*. Cambridge: Cambridge University Press.

LIBÂNEO, J. C. *Didática*. 33ª reimpressão. São Paulo: Cortez, 2011.

LIMA JR., R. M. (2013). Complexity in Second Language Phonology Acquisition. In: *Revista Brasileira de Linguística Aplicada*, v. 13, n. 2, p. 549-576.

LIMA JR., R. M. (2010). Uma investigação dos efeitos do ensino explícito da pronúncia na aula de inglês como língua estrangeira. In: *Revista Brasileira de Linguística Aplicada*, v. 10, n. 3, p. 747-771. Disponível em: https://cutt.ly/IhgdWN0. Acesso em: 11 jan. 2022.

LIMA, JR. R. M. (2009). Correção de pronúncia e a identidade do aluno de letras. Entrevista a Giêdra Ferreira da Cruz. In: LIMA, D. C. de (org.). *Ensino e aprendizagem de língua inglesa*: conversa com especialistas. São Paulo: Parábola Editorial, p. 69-78.

LODER, L. L. (2008). O modelo Jefferson de transcrição: convenções e debates. In: LODER, L. L.; JUNG, N. M. *Fala-em-interação social*: introdução à análise da conversa etnometodológica. Campinas: Mercado de Letras, p. 127-161.

LONG, M. H. (1983). Does Second Language Instruction Make a Difference? A Review of Research. In: *Tesol Quarterly*, v. 17, n. 3, p. 359-382.

LONG, M. H. (2006). *Problems in SLA*. Second Language Acquisition Research Series. Mahwah: Lawrence Erlbaum Associates.

LUCKESI, C. C. (1994). *Filosofia da educação*. São Paulo: Cortez.

MARQUEZ REITER, R. (2002). A Contrastive Study of Indirectness in Spanish: Evidence from Uruguayan and Peninsular Spanish. In: *Pragmatics*, v. 12 (1). International Pragmatics Association, p. 135-152.

MARTINEZ, P. (2012). *Didática de línguas estrangeiras*. Trad.: M. Marcionilo. São Paulo: Parábola Editorial.

MATUTE MARTÍNEZ, C. (2005). Consideraciones sobre la metodología en la enseñanza de la fonética y la fonología del español/LE. In: *XVI Congreso Internacional de la ASELE*. La competencia pragmática o la enseñanza del español como lengua extranjera. Oviedo. Disponível em: https://bit.ly/3dsnN7c. Acesso em: 9 abr. 2020.

MCLAUGHLIN, B. (1989). *Theories of Second-language Learning*. London: Edward Arnold.

MORAES, J. A. de (2011). From a Prosodic Point of View: Remarks on Attitudinal Meaning. In: MELLO, H.; PANUNZI, A.; RASO, T. (orgs.). *Pragmatics and Prosody:* Illocution, Modality, Attitude, Information Patterning and Speech Annotation. Firenze: Firenze University Press.

MORIN, E. (2005). *Ciência com consciência*. 8ª ed. Rio de Janeiro: Bertrand Brasil.

MORLEY, J. (1994). *Pronunciation Pedagogy and Theory*: New Views, New Directions. Bloomington: Eric.

MUNRO, M. J.; DERWING, T. (2015). Intelligibility in Research and Practice: Teaching Priorities. In: REED, M.; LEVIS, J. M. (orgs.). *The Handbook of English Pronunciation*. Malden: Wiley Blackwell, p. 377-396.

NAVARRO TOMÁS, T. (1974 [1944]). *Manual de entonación española*. Madrid: Guadarrama.

NAVARRO TOMÁS, T. (2010). Principios de fonología y fonética españolas. In: *Cuadernos de Lengua Española,* 43. 10ª ed. Madrid: Arco Libros.

NEUFELD, G. (1978). On the Acquisition of Prosodic and Articulatory Features in Adult Language Learning. In: *Canadian Modern Language Review*, v. 34, n. 2, p. 163-174.

NORRIS, J. M.; ORTEGA, L. (2000). Effectiveness of L2 Instruction: A Research Synthesis and Quantitative Meta-analysis. In: *Language Learning*, v. 50, n. 3, p. 417-528.

OLIVEIRA, L. A. (2015). *Aula de inglês:* do planejamento à avaliação. São Paulo: Parábola Editorial.

OLIVEIRA, M. N.; KAUARK, F. S. (2011). Fonética e fonologia: aulas de pronúncia de E/LE no Brasil. In: *Práxis Educacional*, v. 7, n. 11: Políticas Públicas em Educação. Disponível em: https://bit.ly/376svX7. Acesso em: 11 jan. 2022.

PADILLA GARCÍA, X. A. (2007). El lugar de la pronunciación en la clase de ELE. In: *Las destrezas orales en la enseñanza del español L2-LE*. XVII Congreso Internacional de la Asociación del Español como lengua extranjera: Logroño, 27-30 de septiembre de 2006, v. 2. Disponível em: https://bit.ly/3iXOmSF. Acesso em: 11 jan.2022.

PAIVA, V. L. M. de O. e (2014). *Aquisição de segunda língua*. São Paulo: Parábola Editorial.

PAIVA, V. L. M. de O. e (2012). *Ensino de língua inglesa no ensino médio*: teoria e prática. São Paulo: SM.

PAIVA, V. L. M. de O. e (2005). Modelo fractal de aquisição de línguas. In: BRUNO, F. M. (org.). *Ensino-aprendizagem de línguas estrangeiras*: reflexão e prática. São Carlos: Claraluz, p. 23-36.

PALMEN, M.-J.; BONGAERTS, T.; SCHILS, E. (1997). L'authenticité de la prononciation dans l'acquisition d'une langue étrangère au-delà de la période critique: des apprenants néerlandais parvenus à un niveau très avancé en français. In: *Acquisition et interaction en langue étrangère*, n. 9, p. 173-191.

PENNINGTON, M. C. (1996). *Phonology in English Language Teaching*. New York: Addison Wesley Longman.

PEROZZO, R. V. (2013). *Percepção de oclusivas não vozeadas sem soltura audível em codas finais do inglês (L2) por brasileiros*: o papel da instrução explícita e do contexto fonético-fonológico. Porto Alegre: Universidade Federal do Rio Grande do Sul.

PICA, T. (2005). Second Language Acquisition Research and Applied Linguistics. In: HINKEL, E. (org.). *Handbook of Research in Second Language Teaching and Learning*. Mahwah: Lawrence Erlbaum Associates, p. 263-280.

PICA, T. (1997). Second Language Acquisition Research Methods. In: HORNBERGER, N.; CORSON, D. (orgs.). *Encyclopedia of Language and Education*: Research Methods in Language and Education, v. 8. Dordrecht: Kluwer Academic Publishers, p. 89-99.

PICCIN, I. M.; SILVA, M. A. C. M. B. (2004). O ensino da pronúncia em livros brasileiros para o ensino de inglês: perspectiva histórica. In: *Intercâmbio*, V. XIII.

PINTO, M. S. *et al.* (2013). Enunciados interrogativos totais neutros em ELE: antes e depois da sistematização no processo de ensino-aprendizagem. In: *IV Colóquio Brasileiro de Prosódia da Fala,* v. 2. Disponível em: https://bityli.com/zPMPs. Acesso em: 11 jan. 2022.

PINTO, M. S. (2009). *Tranferências prosódicas do português do Brasil/LM na aprendizagem do espanhol/LE*: enunciados assertivos e interrogativos totais. Tese de Doutorado em Letras Neolatinas. Rio de Janeiro: UFRJ Disponível em: https://bit.ly/3dt3cQ6. Acesso em: 11 jan. 2022.

PORTAL da Prefeitura do Rio de Janeiro, "Secretária de Educação participa do encontro de líderes em educação da América Latina", 18 de novembro de 2014. Disponível em: https://bit.ly/35h5Hl1. Acesso em: 11 jan. 2022.

PORTAL do Servidor, "Inglês na ponta da língua com o Programa Rio Criança Global", 2013. Disponível em: https://bit.ly/31aB3YW. Acesso em: 11 jan. 2022.

PRABHU, N. S (1987). *Second Language Pedagogy*. V. 20. Oxford: Oxford University Press.

PRABHU, N. S (1999). Teaching is at Most Hoping for the Best. *Anthology Series-Seameo Regional Language Centre*, p. 48-57.

PRIETO, P.; ROSEANO, P. (orgs.) (2009-2013). *Atlas interactivo de la entonación del español.* Disponível em: http://prosodia.upf.edu/atlasentonacion. Acesso em: 11 jan. 2022.

PRIETO, P.; ROSEANO, P. (orgs.) (2009-2010). *Atlas interactivo de la entonación del español.* Disponível em: https://bit.ly/2H1m4tG. Acesso em: 11 jan. 2022.

PRIETO, P.; ROSEANO, P. (orgs.) (2010). *Transcription of Intonation of the Spanish Language*. München: Lincom.

QUILIS, A. (2010). Principios de fonologías y fonética españolas. In: *Cuadernos de Lengua Española,* 43. 10. ed. Madrid: Arco Libros.

QUILIS, A. (1999). *Tratado de fonología y fonética españolas*. Madrid: Gredos.

RAMOS, E. (2009). Transferência fonológica no ensino de língua inglesa. In: LIMA, Diógenes Cândido de (org.). *Ensino e aprendizagem de língua inglesa*. São Paulo: Parábola Editorial, p. 53-58.

RASO, T. *et al.* (2010). Multimodal Perception and Production and of Attitudinal Meaning in Brazilian Portuguese. *Proceedings of Speech Prosody*: Fifth Conference on Speech Prosody, Chicago.

RASO, T. (2008). The Pitch Accents in Brazilian Portuguese. Emotion Expression in Speech Acts in Brazilian Portuguese: Production and Perception. *Proceedings of Speech Prosody*: Fourth Conference on Speech Prosody, Campinas.

RICHARDS, J. C.; RODGERS, T. S. (1986). *Approaches and Methods in Language Teaching:* A Description and Analysis. Cambridge: Cambridge University Press.

RIZZOLATTI, G.; CRAIGHERO, L. (2004). The Mirror-Neuron System. In: *Annual Review of Neuroscience,* v. 27, p. 169-92. Disponível em: https://bit.ly/342RUPe. Acesso em: 6 abr. 2020.

ROACH, P. (2010a). *English Phonetics and Phonology*: A Practical Course. 4ª ed. Cambridge: CUP.

ROACH, P. (2010b). *Phonetics*. Oxford: OUP.

ROBINSON, P. (2003). Attention and Memory during SLA. In: DOUGHTY, C. J.; LONG, M. H. (orgs.). *The Handbook of Second Language Acquisition*. Oxford, MA, Victoria: Blackwell Publishing, p. 631-678.

ROMANELI, S. (2009). Integración de la pronunciación con las habilidades de expresión oral y comprensión auditiva en el aula de español como lengua segunda y extranjera (ELSE): enfoque por tareas. In: *Phonica,* 5. Disponível em: https://bit.ly/378RsBd. Acesso em: 11 jan. 2022.

SEIDLHOFER, B. (2005). English as a Lingua Franca. In: *Elt Journal*, v. 59, n. 4, p. 339-341 Oxford: Oxford University Press.

SEOW, A. (2002). The Writing Process and Process Writing. In: RICHARDS, J. C.; RENANDYA, W. A. (orgs.). *Methodology in Language Teaching: An Anthology of Current Practice*. Cambridge: Cambridge University Press, p. 315-320.

SILVA, C. H. D. (2011). Currículo e ensino de línguas adicionais: revisitando conceitos e pensando possibilidades. In: *Revista Pesquisa em discursos pedagógicos,* n. 2. Disponível em: https://bit.ly/3lR3Rh6. Acesso em: 11 jan. 2022.

SILVA, W.; SILVA, S. B. (2016). EJA, diversidade e criatividade: a experiência dos Núcleos de Diálogos Interculturais. In: RIBEIRO, A. de A. (org.). *Estudos e Práticas em EJA* – ampliando olhares. Rio de Janeiro: Caetés.

SILVEIRA, R. (2004). *The Influence of Pronunciation Instruction on the Perception and the Production of English Word-final Consonants.* Florianópolis: Universidade Federal de Santa Catarina.

SILVEIRA, R. (2016). *The Influence of Pronunciation Instruction on the Perception and the Production of English Word-final Consonants.* Florianópolis: Advanced Research in English Series, n. 11.

SILVEIRA, R. (2008). *Uma pronúncia do português brasileiro.* São Paulo: Cortez.

SOSA, J. M. (1999). *La entonación del español:* su estructura fónica, variabilidad y dialectología. Madri: Cátedra.

SOUSA, D. A. (2011a). *How the Brain Learns.* California: Corwin.

SOUSA, D. A. (2011b). *How the ELL Brain Learns.* California: Corwin.

SOUZA, M. O. P. de (2009). A fonética como importante componente comunicativo para o ensino de língua estrangeira. In: *Prolíngua* ,v. 2, n. 1. Disponível em: https://bit.ly/2Iuje0x. Acesso em: 11 jan. 2022.

SPRATT, M.; PULVERNESS, A.; WILLIAMS, M. (2005). *The TKT*: Teaching Knowledge Test Course. Cambridge: Cambridge University Press.

SWAIN, M. (1985). Communicative Competence: Some Roles of Comprehensible Input and Comprehensible Output in its Development. In: GASS, S. M.; MADDEN, C. (orgs.). *Input in Second Language Acquisition,* v. 15, p. 165-179. Rowley: Newbury House Rowley.

SWAIN, M. (2005). The Output Hypothesis: Theory and Research. In: HINKEL, E. (org.). *Handbook of Research in Second Language Teaching and Learning,* v. 1, p. 471-483. Mahwah: Lawrence Erlbaum Associates.

SWAIN, M. (1995). Three Functions of Output in Second Language Learning. In: COOK, G. E.; SEIDLHOFER, B. (orgs.). *Principles and Practices in Applied Linguistics*: Studies in Honor of H. G. Widdowson. Oxford: Oxford University Press, p. 125-144.

URIBE MALLARINO, M. del R. (2014). *Enseñanza aprendizaje del español como lengua extranjera.* Bogotá: Instituto Caro y Cuervo.

VALMASEDA REGUEIRO, M. A. (1993). *Orientaciones para la enseñanza de la pronunciación en la clase de español como lengua extranjera.* Montevideo: Oltaver S.A.

VETROMILLE-CASTRO, R. (2011). A entropia sociointerativa e a sala de aula de (formação de professores de) língua estrangeira: reflexões sobre um sistema complexo. In: PAIVA, V. L. M. O.; NASCIMENTO, M. do (orgs.). *Sistemas adaptativos complexos*: lingua(gem) e aprendizagem. Campinas: Pontes Editores, p. 113-130.

VIAL, A. P. S.; SILVA, J. Z. da. (2012). A inclusão das línguas estrangeiras modernas no Programa Nacional do Livro Didático In: *Revista Bem Legal*, v. 2, n. 1, p. 110-118. Disponível em: https://bit.ly/31cXtsH. Acesso em: 11 jan. 2022.

WALKER, R. (2015). *Teaching the Pronunciation of English as a Lingua Franca.* Oxford: OUP.

WILLIAMS, J. (2005). Form-focused Instruction. In: HINKEL, E. (org.). *Handbook of Research in Second Language Teaching and Learning.* Mahwah: Lawrence Erlbaum Associates, p. 671-691.

WILLIAMS, J. (2001). Learner-generated Attention to Form. In: ELLIS, R. (org.). *Form-focused Instruction and Second Language Learning*: Language Learning. Oxford: Oxford University Press, p. 303-346.

YULE, G.; MACDONALD, D. (1994). The Effects of Pronunciation Teaching. In: *Pronunciation Pedagogy and Theory*: New Views, New Directions, p. 109-118.

ZULL, J. E. (2011). *From Brain to Mind*: Using Neuroscience to Guide Change in Education. Virginia: Stylus.

ZULL, J. E. (2002). *The Art of Changing the Brain.* Virginia: Stylus.

As Autoras e os Autores

Ana Paula Tavares de Moraes Silva Cypriano é bacharel em Ciências Biológicas (UFRJ), bacharel em Letras: Inglês – Literaturas de Língua Inglesa (UERJ), especialista em Linguística Aplicada (UFF) e em Neurociências Aplicadas à Educação (UFRJ), Mestra em Linguística Aplicada (UFF) e Doutora em Estudos de Linguagem (UFF). É professora de inglês da FAETEC e da SME-RJ; ex-professora Adjunta de Língua Inglesa da UERJ. Suas linhas de pesquisa incluem: ensino e aprendizagem de língua adicional; multiletramentos; uso das novas tecnologias para ensino/aprendizagem de inglês como língua adicional; desenvolvimento de material para ensino/aprendizagem de inglês como língua adicional; análise do discurso por intermédio da análise da conversação e sociolinguística interacional e contribuições das neurociências para o ensino/aprendizagem de língua adicional.

Beatriz Gama Rodrigues é professora de língua inglesa da Universidade Federal do Piauí. Doutora em Linguística Aplicada e Estudos da Linguagem pela PUC-SP, realiza pesquisas, principalmente, sobre a formação de professores de língua inglesa, desenvolvimento da competência leitora, cognição e metacognição.

Carine Haupt é graduada em Letras Português/Alemão pela Unisinos e doutora em Linguística pela UFSC. Atualmente, atua no campo da linguística, com ênfase nos estudos de fonética e fonologia e abordagens cognitivas. É professora efetiva no curso de Letras e no Programa de Pós-Graduação em Letras da UFT, *campus* Porto Nacional.

Carolina Gomes da Silva é doutora em Letras Neolatinas (Estudos Linguísticos em Língua Espanhola) pela UFRJ (2019), com estágio de doutorado no Instituto de Investigaciones Filológicas da UNAM. Ainda pela UFRJ, é mestra em Letras Neolatinas (2014) e se graduou em Letras-Português/Espanhol (2010/2011). Atuou como professora de espanhol da Rede Municipal do Rio de Janeiro (2013-2016) e como professora substituta da Faculdade de Letras da UFRJ (2012-2013). Desde 2016, é professora efetiva do Departamento de Letras Estrangeiras Modernas da UFPB, onde desenvolve projetos de pesquisa, ensino e extensão com foco nos seguintes temas: fonética e fonologia, prosódia e ensino de oralidade de espanhol como língua estrangeira.

Glauce Gomes de Oliveira Cabral é doutoranda do programa de Estudos Linguísticos do IBILCE/UNESP. Mestra em Letras pelo programa de Língua e Literaturas Espanhola e Hispano-Americana da FFLCH/USP (2014). Especialista em Tradução de Espanhol pela UGF (2012), graduada e licenciada em Letras: Português e Espanhol, pela FFLCH/USP (2003) e licenciada em Letras: Inglês, pela UNIUBE (2018). Atua como professora de ensino superior no Centro Paula Souza: FATEC Guarulhos e FATEC São Paulo. Faz parte da equipe de avaliadores das provas orais do exame de proficiência CELU (*Certificado de Español Lengua y Uso*) desde 2011.

José Ricardo Dordron de é professor titular de espanhol do Colégio Pedro II. doutor em língua espanhola pela UFRJ. Atuou como leitor crítico, avaliador e coordenador adjunto no PNLD. Suas pesquisas tratam, principalmente, do ensino das habilidades orais e da pronúncia, bem como do tratamento da variação linguística em sala de aula.

Leticia Rebollo Couto é graduada em Letras pela Universidade Federal de Santa Catarina (1989), mestra em linguística pela UFSC (1994) e doutora em Sciences du langage - Université de Strasbourg II (1999). Atualmente é professora associada da UFRJ. Tem experiência na área de Letras, com ênfase em línguas estrangeiras modernas, atuando principalmente nos seguintes temas: português brasileiro, espanhol língua estrangeira, pragmática, fonética experimental, prosódia, sociolinguística e dialetologia e, mais recentemente, em estudos linguísticos da tradução no par português-espanhol.

Lia Santos de Oliveira Martins é professora aposentada de língua portuguesa e literatura brasileira do Colégio Pedro II; membra do GEPEX da UFF-Niterói; doutora em Estudos da Linguagem pela PUC-RJ, seus estudos concentram-se, principalmente, em morfossintaxe e psicolinguística experimental.

Maristela da Silva Pinto é professora de língua espanhola no curso de Letras - Português/Espanhol da UFRRJ. Doutora em Língua Espanhola pela UFRJ. Vice-líder do grupo de pesquisa VARIUS/CNPq. Atua em duas linhas de pesquisa: (i) descrição, variação e uso da língua espanhola, (ii) ensino de língua materna e língua estrangeira; em suas atividades de pesquisa, lança olhar atento à interface entre percepção e produção oral nas variedades do espanhol: ênfase nos estudos fonético-fonológicos – aspectos segmentais e prosódicos – com foco no ensino-aprendizagem de espanhol como LE.

Natalia dos Santos Figueiredo é professora de espanhol como língua adicional na UNILA. Doutora em Língua Espanhola pela UFRJ, mestra em Língua Espanhola pela UFRJ. Realiza pesquisas sobre variação pragmática e prosódica do espanhol em suas variedades dialetais e em contato com outras línguas.

Neliane Raquel Macedo Aquino é professora de português e inglês no Instituto Federal de Educação, Ciência e Tecnologia do Maranhão. Mestra em Letras: Ensino de Língua e Literatura (PPGL/UFT). Doutora em Letras: Ensino de Língua e Literatura (PPGL/UFT). Pesquisa, no âmbito da linguística aplicada, sobre ensino e aprendizagem de LE, fonética e fonologia, modelos de aquisição de linguagem.

Priscila Cristina Ferreira de Sá é professora de língua espanhola do Colégio Santo Agostinho. Doutora em Língua Espanhola pela UFRJ, pesquisa a prosódia do espanhol.

Ronaldo Lima Jr. é doutor em Linguística e mestre em Linguística Aplicada, ambos pela UnB. Atualmente, é professor da UFC e sua principal área de pesquisa é aquisição fonológica de L2.

Simone Batista da Silva é professora de didática e ensino de língua inglesa da UFRRJ. Doutora em Letras (Estudos Linguísticos e Literários em Inglês) pela USP. Suas pesquisas tratam, principalmente, de letramentos críticos, formação de professores de inglês, identidades e transculturalidade.

Victor Ramos da Silva é professor de inglês e linguística das Faculdades Integradas Campo-Grandenses; professor docente I de língua inglesa da SEEDUC-RJ; professor de inglês em cursos preparatórios, cursos de idiomas e colégios da rede privada de ensino. Mestre em Estudos de Linguagem (Psicolinguística e Bilinguismo) pela UFF, onde foi membro do Grupo de Estudos em Psicolinguística Experimental (GEPEX). Pesquisa as relações internas dos sistemas gramaticais do inglês e do português sob as óticas neurolinguística e psicolinguística, também investiga sobre as práticas de ensino de inglês como língua estrangeira.

STRATÉGIAS de ENSINO

1. *O ensino do espanhol no Brasil*, João Sedycias [org.]
2. *Português no ensino médio e formação do professor*, Clecio Bunzen & Márcia Mendonça [orgs.]
3. *Gêneros catalisadores — letramento e formação do professor*, Inês Signorini [org.]
4. *A formação do professor de português — que língua vamos ensinar?*, Paulo Coimbra Guedes
5. *Muito além da gramática — por um ensino de línguas sem pedras no caminho*, Irandé Antunes
6. *Ensinar o brasileiro — respostas a 50 perguntas de professores de língua materna*, Celso Ferrarezi Jr.
7. *Semântica para a educação básica*, Celso Ferrarezi Jr.
8. *O professor pesquisador — introdução à pesquisa qualitativa*, Stella Maris Bortoni-Ricardo
9. *Letramento em EJA*, Maria Cecilia Mollica & Marisa Leal
10. *Língua, texto e ensino — outra escola possível*, Irandé Antunes
11. *Ensino e aprendizagem de língua inglesa — conversas com especialistas*, Diógenes Cândido de Lima [org.]
12. *Da redação à produção textual — o ensino da escrita*, Paulo Coimbra Guedes
13. *Letramentos múltiplos, escola e inclusão social*, Roxane Rojo
14. *Libras? Que língua é essa?*, Audrei Gesser
15. *Didática de línguas estrangeiras*, Pierre Martinez
16. *A palavra e a sentença — estudo introdutório*, Ronaldo de Oliveira Batista
17. *Coisas que todo professor de português precisa saber*, Luciano Amaral Oliveira
18. *Gêneros textuais & ensino*, Angela Paiva Dionisio, Anna Rachel Machado & Maria Auxiliadora Bezerra [orgs.]
19. *As cadeias do texto — construindo sentidos*, Cláudia Roncarati
20. *Produção textual na universidade*, Désirée Motta-Roth & Graciela Rabuske Hendges
21. *Análise de textos — fundamentos e práticas*, Irandé Antunes
22. *Dicionários escolares — políticas, formas & usos*, Orlene Lúcia de Sabóia Carvalho & Marcos Bagno [orgs.]
23. *Inglês em escolas públicas não funciona? Uma questão, múltiplos olhares*, Diógenes Cândido de Lima [org.]
24. *Dicionários na teoria e na prática — como e para quem são feitos*, Claudia Xatara, Cleci Regina Bevilacqua & Philippe Humblé
25. *Gêneros textuais — reflexões e ensino*, Acir Mário Karwoski, Beatriz Gaydeczka & Karim S. Brito
26. *Letramentos de reexistência — poesia, grafite, música, dança: hip-hop*, Ana Lúcia Silva Souza
27. *Pesquisar no labirinto — a tese, um desafio possível*, Francisco Perujo Serrano
28. *O território das palavras — estudo do léxico em sala de aula*, Irandé Antunes
29. *Multiletramentos na escola*, Roxane Rojo & Eduardo Moura [orgs.]
30. *Leitura e mediação pedagógica*, Stella Maris Bortoni-Ricardo et alii [org.]
31. *Numeramento — aquisição das competências matemáticas*, Michel Fayol
32. *Letramentos no ensino médio*, Ana Lúcia Silva Souza, Ana Paula Corti & Márcia Mendonça
33. *Neologia em português*, Margarita Correia & Gladis Maria de Barcellos Almeida
34. *Língua e literatura: Machado de Assis na sala de aula*, Alexandre Huady T. Guimarães & Ronaldo de Oliveira Batista
35. *O ouvinte e a surdez — sobre ensinar e aprender a libras*, Audrei Gesser
36. *Ensinar na universidade — conselhos práticos, dicas, métodos pedagógicos*, Markus Brauer
37. *Os doze trabalhos de Hércules — do oral para o escrito*, Stella Maris Bortoni-Ricardo & Veruska Ribeiro Machado [orgs.]
38. *Múltiplas linguagens para o ensino médio*, Clecio Bunzen & Márcia Mendonça [orgs.]
39. *Leitura de literatura na escola*, Maria Amélia Dalvi, Neide Luzia de Rezende & Rita Jover-Faleiros [orgs.]
40. *Escol@ conectada — os multiletramentos e as tics*, Roxane Rojo [org.]
41. *Sete erros aos quatro ventos — a variação linguística no ensino de português*, Marcos Bagno
42. *Cenas surdas: os surdos terão lugar no coração do mundo?*, Renato Dente Luz
43. *Aquisição de linguagem*, Michèlle Kail
44. *Métodos de ensino de inglês — teorias, práticas, ideologias*, Luciano Amaral Oliveira
45. *Aquisição da escrita*, Michel Fayol
46. *Pedagogia do silenciamento — a escola brasileira e o ensino de língua materna*, Celso Ferrarezi Jr.
47. *Por que a escola não ensina gramática assim?*, Stella Maris Bortoni-Ricardo et al. [orgs.]
48. *Aquisição de segunda língua*, Vera Lúcia Menezes de Oliveira e Paiva
49. *Gramática contextualizada — limpando "o pó das ideias simples"*, Irandé Antunes
50. *Língua, Linguagem, linguística — pondo os pingos nos ii*, Marcos Bagno
51. *Hipermodernidade, multiletramentos e gêneros discursivos*, Roxane Rojo & Jacqueline Barbosa
52. *Produzir textos na educação básica — o que saber, como fazer*, Celso Ferrarezi Jr. & Robson S. de Carvalho
53. *Faça a diferença — ensinar línguas estrangeiras na educação básica*, Alex Garcia da Cunha & Laura Miccoli [orgs.]
54. Coaching *instrucional — formação continuada e ensino de línguas*, Alex Garcia da Cunha
55. *Fonologia, fonética e ensino — guia introdutório*, Mikaela Roberto
56. *De alunos a leitores — o ensino da leitura na educação básica*, Celso Ferrarezi Jr. & Robson S. de Carvalho
57. *Enunciado de atividades e tarefas escolares — modos de fazer*, Denise Lino de Araújo
58. *Tiras no ensino*, Paulo Ramos
59. *O mundo na sala de aula — intertextualidade nos anos finais do ensino fundamental*, Maria Silvia Gonçalves
60. *Textualidade — noções básicas e implicações pedagógicas*, Irandé Antunes
61. *Poesia na sala de aula*, Hélder Pinheiro
62. *Ensinar a ler, aprender a avaliar — avaliação diagnóstica das habilidades de leitura*, Robson S. de Carvalho
63. *Oralidade na educação básica — o que saber, como ensinar*, Robson Santos de Carvalho & Celso Ferrarezi Jr.
64. *Vygotsky — a interação no ensino/aprendizagem de línguas*, Francisco José Quaresma de Figueiredo
65. *Intercompreensão — a chave para as línguas*, Pierre Escudé & Francisco Calvo del Olmo
66. *A alfabetização de idosos — um tema urgente no Brasil*, Kátia Abreu & Maria Carlota Rosa
67. *A função da literatura na escola — resistência, mediação e formação leitora*, Maria do Socorro A. N. Macedo [org.]
68. *A oralidade no ensino de línguas estrangeiras*, José Ricardo Dordron de Pinho [org.]
69. *A avaliação na escola — Guia de conceitos e práticas*, Robson Santos de Carvalho
70. *Aprendendo com os erros — uma perspectiva comunicativa do ensino de línguas*, Francisco José Quaresma de Figueiredo
71. *Educação infantil — diálogos docentes no cotidiano escolar*, Cristina Bohn Citolin, Edson Carpes Camargo, Graziele Silva dos Santos & Maiquel Röhrig

Esta obra foi composta em Cambria 11/15 e Calibri 10/14
e impressa em papel Chambril Avena 80g
para a **Parábola Editorial** em julho de 2025.

Impressão e acabamento:
Forma Certa